Winfried Pilz

Ein Weg
durch das Jahr der Kirche

Winfried Pilz

Ein Weg durch das Jahr der Kirche

Gedanken und Impulse

benno

Bibliografische Information der Deutschen Nationabibliothek
Die Deutsche Nationalbibliothek verzeichnet diese Publikation
in der Deutschen Nationalbibliografie;
detaillierte bibliografische Daten sind im Internet über
http://dnb.d-nb.de abrufbar.

Besuchen Sie uns im Internet unter:
www.st-benno.de

ISBN 978-3-7462-2757-3

© St. Benno-Verlag GmbH
Stammerstr. 11, 04159 Leipzig
Umschlaggestaltung: Ulrike Vetter, Leipzig, unter
Verwendung eines Fotos von picture-alliance/Helga Lade
Fotoagentur GmbH © Ott/Helga Lade
Gesamtherstellung: Kontext, Lemsel (A)

Inhaltsverzeichnis

Advent
Ankunftszeiten 9
Marias Erwählung
»Du gottgeschenktes neues Bild!« 13
Weihnachten
Rhythmusstörungen – die Therapie 17
Weltmissionstag der Kinder
Kein automatisches Kopfnicken 21
Die Kinder von Betlehem
Weinen am Checkpoint 25
Heilige Familie
Eine Brücke ins Morgen 29
Maria
»Maria war keine Madonna.« 33
Epiphanie
HEUTE – zweitausend plus 37
Taufe Jesu
*Das Bad in der Menge und
das Bad im Jordan* 41
Einheit der Christen
Eine schwierige Erbschaft 45
Begegnung im Tempel
Im Generationenhaus 49

Fastenzeit	
Ein verordnetes Datum?	53
Josef	
Der »Mann im Hintergrund«	57
Ankündigung der Geburt Jesu	
»Wie soll das geschehen ...?«	61
Karwoche	
»Denn wiederum kommen die Tage ...«	65
Gründonnerstag	
Leonardo lässt grüßen.	69
Karfreitag	
Das Geschäft läuft weiter.	73
Ostern	
Exodus – nichts für Wasserscheue und Seekranke	77
Osterzeit	
Vierzig Tage »danach«	81
Christi Himmelfahrt	
Wohin denn schauen, wenn nicht zum Himmel?	85
Pfingsten	
Auf Kreuz-Fahrt	89
Dreifaltiges Geheimnis	
Allahu akbar – »Gott ist größer!«	93
Fronleichnam	
Strahlkraft eines Festes	97

Herz Jesu
  Operation Liebe 101
Besuch Marias bei Elisabet
  Zwiesprache im Licht 105
Marias Vollendung
  Ein Anfang für immer 109
Kreuzerhöhung
  Gottes Zeichen über der Welt 113
Erntedank
  Erntedank mit leerem Magen? 117
Engel
  Signale zwischen Gott und Mensch 121
Rosenkranz
  Fünfzig Perlen rund um die Erde 125
Allerheiligen
  Trefferquote der Seligkeit? 129
Allerseelen
  Sternenstaub und Sandspuren 133
Sankt Martin
  Zum Beispiel dieser Eine 137
Christkönig
  »... dazu geboren und in die Welt gekommen« 141

Gottesdienste und Gedenken im Kirchenjahr 145

Advent

Ankunftszeiten

Endlich öffnet sich die automatische Tür, und da kommt er, auf den wir schon so lange gewartet haben. Immer wieder, wenn sich der Spalt auftat, haben wir hindurchgespäht, ob er schon da ist und nur noch an der Gepäckausgabe festgehalten wird. Eine Erfahrung für viele, die Flughäfen gewöhnt sind. Unablässig rattern die Ankunftszeiten der Maschinen aus aller Welt über die große schwarze Tafel. Gewitzte Profis wissen schon alles aus dem Internet: ob das Flugzeug wirklich gestartet ist, ob es sich noch in der Luft befindet oder ob es schon die Landebahn erreicht hat.

Was wissen wir vom Kommen des Einen, nach dem wir im Advent Ausschau halten? Ist es ein »Warten auf Godot« im absurden Welttheater? Hält uns da einer zum Narren? Vertröstet er uns? Oder ist er abhanden gekommen, schon längst anderswo? Lohnt es sich noch? Jedenfalls ist seine Ankunftszeit nicht im Computer abzurufen. »Jenen Tag und jene Stunde kennt niemand, auch nicht die Engel im Himmel, nicht einmal der Sohn ...« (Mk 13,32) Mit dieser »Auskunft« hat Jesus seine Jünger frustriert, aber hinzugefügt: »Er soll euch, wenn er kommt, nicht schlafend antreffen. Das sage ich allen: Seid wachsam!« (Mk 13,36-37) Die erste christliche Generation, vorab der Apostel Paulus, musste sich mit der Tatsache auseinandersetzen, dass der Erwartete immer noch nicht kam. Das Wartenkönnen und das Wachsambleiben wurde seither unsere typisch christliche Grundhaltung.

Aber stopp! Während wir noch am »Exit« unser selbst gemaltes Schild hochhalten, damit uns der Ankommende sofort herausfindet, denken wir nach: Ist er nicht schon da gewesen, auf einem bestimmten Punkt unserer Erde? Und ist er nicht schon neu zu uns hin gestartet? Will er denn tatsächlich »über den Wolken« bleiben? Unser Warten bewegt sich bereits jahrhundertelang zwischen einem Schon und Noch-nicht. Sagen die Theologen. Das ist schwer zu verstehen. Zwar kündigt Jesus selbst sein »Kommen auf den Wolken des Himmels« an (Mt 24,30). Doch heutzutage ist es riskant, bei Weltraumvergleichen zu bleiben. Dafür ist das Ganze zu vielschichtig und zu relativ.

Andererseits ist die Relativitätstheorie im Blick auf Raum und Zeit uns modernen Menschen gar nicht so fremd. Relativ, vorläufig und immer wieder in Frage gestellt, ist für uns fast alles geworden. Wir haben »flexibel« zu sein – im Hinblick auf unsere Zukunftsplanungen, unsere Berufstätigkeit und den Vorruhestand, unsere Beziehungen, den Wohnortwechsel, sich widersprechende Informationen und Schlagzeilen, schließlich auch über unsere Vorstellungen von Gott, dessen Ausbleiben uns unsicher macht. Da sagt uns schon der 1. Petrusbrief (2,11), dass wir *advenae et peregrini* sind. Übersetzt wird das meistens mit *Pilger und Fremdlinge*. Aber *advena* ist wörtlich einer, der *ankommt*, vielleicht ein *vorübergehender* Gast, vielleicht ein *Zu-wanderer*, vielleicht ein Hilfe suchender Mitmensch. »Und mancher noch ist auf dem Weg zu dir«, endet ein Gedicht von Hans Carossa. Also Wachsamkeit! Möglicherweise ereignet sich die Ankunft, die uns angekündigt worden ist, anders und direkter, als wir uns das in großen Bildern und Zeiträumen vorstellen.

Die Vermutung stellt sich ein, dass der verborgene Gott sich uns ganz unauffällig und leise, demütig und fast schüchtern nähern will. Das könnte – zwischen dem weit zurückliegenden Damals und dem unbestimmbaren Demnächst – jederzeit passieren, jetzt schon. »Ich stehe vor der Tür und klopfe an«, hören wir ihn sagen (Offb 3,20). Also nicht nur wir stehen wartend vor einer Tür, – *Er* selbst steht schon auf der anderen Seite und wartet, dass wir aufmachen, nicht per Lichtschranke(!), sondern mit unserer Bereitschaft, ihn in unser Leben hereinzulassen.

Jemand hat gesagt: Die anderen Religionen sind die Anstrengung der Menschen, Gott zu suchen – in Jesus jedoch wird ein Gott sichtbar, der von sich aus den Menschen sucht. Eine unerwartete Umkehrung der Blickrichtung. Zugleich ein erhellender Lichtstrahl mitten in unsere Unsicherheiten hinein. Uns bleibt, dass wir jedes Jahr im Advent ausharren, das Warten üben. Wir stellen uns ans »Gate«, an »Tür und Tor«, wie es das alte Lied singt, um in den vielen Gesichtern, die sich da hindurchbewegen, *Ihn* zu erkennen. Mag sein, dass seine Ankunftszeit gerade von der großen Tafel verschwindet – aber nur deshalb, weil er inzwischen gelandet und da ist.

Marias Erwählung

»Du gottgeschenktes neues Bild!«

Ein kurzes Schockgefühl zwischendurch, leise, aber tief gehend: Gerade hatte ich begeistert einer Gruppe munterer Sternsinger das neue Dreikönigsfenster in der Hauskapelle unseres Kindermissionswerkes erklärt und dann gesagt: »So, und jetzt könnt ihr einmal unser Haus erkunden, besonders das kleine Museum. Macht ruhig alles so, wie ihr es wollt.« Da fragte mich im Herausgehen einer der Jungen: »Darf ich wirklich alles machen, was ich will?« Und ich: »Warum fragst du das?« Darauf er: »Ich könnte ja zum Beispiel mal das neue Fenster kaputt schlagen ...«

Da schaut ein Kind zu mir herauf, treuherzig, als ob es »kein Wässerchen trüben« könnte. Und dann so etwas! Doch auf einmal frage ich mich: Steckt nicht etwas davon in jedem von uns? Ein Hang zum Destruktiven, Absurden, Widersinnigen? Die Lust, einmal genau das Gegenteil von dem zu tun, was gut ist? Was bringt einen Menschen in den Sekundentaumel, von einer Brücke zu springen, einen Amoklauf zu machen, ein kostbares Kunstwerk zu zertrümmern? Was bringt ganze Völker dazu, einander ins Chaos zu stürzen? Ein dunkles Rätsel, der Dämon der Zerstörung tief in unserem Menschsein.

Eine Grundfrage unserer Existenz – die Bibel stellt sie meistens erst im Nachhinein, nach »rückwärts« und dann in großen geschichtlichen Zusammenhängen. »Woher kommt das?«, fragt sie. Die Antwort sind gewaltige Bilder: der Griff nach der verbotenen Frucht, der Brudermord aus Neid und Verbitterung, der Turmbau zu Babel. Zwischen den Zeilen steht: Es war »schon immer so« mit dem Menschen. So ist er. Über die Kette der Generationen hin scheint sich in jedem Einzelnen eine letztlich nicht erklärbare Katastrophe zu reproduzieren. Erb-Sünde, Erb-Schuld?

Doch da meldet sich der Einspruch Gottes. In der Menschheitsgeschichte verborgen, in einem kleinen Dorf Galiläas, wird einem Mädchen namens Mirjam gesagt: »Du bist – schon längst – umfangen von Seiner Gnade, ganz von ihr erfüllt.« (s. Lk 1,28) Mirjam erschrickt und denkt nach, »was das zu bedeuten habe« (Lk 1,29). Auch hierzu haben die Theologen »nach rückwärts« gefragt, so weit, bis sie meinten, auf den Grund des Geheimnisses vorgedrungen zu sein, bis zu jenem Augenblick, da Maria von ihrer

Mutter Anna »empfangen« wurde. Maria selbst brauchte das nicht. Ihre Mitgift war offenbar ein unbefangenes Urvertrauen, eine schlichte Gewissheit, in Gottes Gegenwart da zu sein, eine ganz natürliche Klugheit, die nach und nach zur Weisheit reifte. Was wir Sterblichen nur dann und wann ahnen können, wie »in einem Spiegel und in rätselhaften Umrissen« (1 Kor 13,12), hat das Mädchen Mirjam gott-unmittelbar erfahren und erleben dürfen, ganz schlicht und real. Wo in der Tiefe unseres Wesens zertrümmerte Bilder und Sehnsüchte herumliegen, wo das Wasser im Brunnen getrübt ist, da hat sich, »als die Zeit reif war« (Gal 4,4), Gott ein Menschenkind erschaffen – ungetrübt, glasklar, ganz »im Reinen« mit Ihm und mit sich selbst. Hier wird der in sich selbst verstrickte Mensch aus einer uralten Belastung befreit. Aus Verhängnis und Gefängnis wird – »Empfängnis«. Das ist mehr als ein Wortspiel. Es ist Gottes Initiative – mitten hinein in das scheinbar unentwegte Scheitern des Projektes »Mensch«.

»Darf ich wirklich machen, was ich will?«, ist die immer aktuelle Frage des Menschen. »Nun mache ich, was ich will«, sagt Gott, »seht her – etwas Neues!« (Jes 43,19) Er holt sein unverdorbenes, lupenreines Konzept hervor – seine immaculata conceptio, wie er sie von Anfang an wollte (Spr 7,22). Von daher fällt ein befreiendes Licht auf uns alle. Ein neuer Anfang tut sich auf. Er gilt der ganzen Menschheit. »Du gottgeschenktes neues Bild des Menschen und der Erde«, besingen wir Maria in einer Fassung des Altenberger Wallfahrtsliedes.

Gott contra »Erb-Sünde«. Sein Erbarmen durchbricht das heillose Dilemma. Maria kann dem scheinbar von Anfang an »vererbten« Fluch das Bekenntnis gegenüberstellen: »Er erbarmt sich von Geschlecht zu Geschlecht.« (Lk 1,49-50) Ein Blick in Seine Zukunft. Sie trägt den Namen Jesus – »Gott greift rettend ein«. Und siehe da: Ein Ausblick öffnet sich, ein Fenster wird sichtbar, von nun an unzerstörbar. Die Botschaft von Nazaret und Betlehem leuchtet darin, der Himmel scheint hindurch.

Weihnachten

Rhythmusstörungen – die Therapie

Wenn der Hausarzt beim Routinecheck seines Patienten auffällige Herzrhythmusstörungen feststellt, gehen bei ihm die Alarmglocken an. Sofort muss etwas geschehen. Gibt es einen ähnlichen Effekt hinsichtlich der Weihnachtsglocken, wenn sie spätestens Anfang November »süßer« als nie zu klingen beginnen? »Ist das Weihnachtsfest noch zu retten?«, wird alle Jahre wieder gefragt. Für nachdenkliche Zeitgenossen lautet die Frage: »Sind *wir* noch zu retten?« Der Arzt am EKG verordnet Abstinenz und Abspecken. Darauf hören wir, notgedrungen. Wie wäre es mit einer Weihnachts-Therapie, besonders dem Advent als einer befreienden Kur? Aber nein – wie soll das gehen? Zu all dem Stress jetzt auch noch das! Wo kommen wir da hin, und wohin führt das?

Gute Frage. Es führt genau dorthin, wo unsere tiefste Sehnsucht liegt: auf Heu und auf Stroh. Jahr für Jahr schaut uns von dort die Antwort wehrlos und unschuldig an – mit dem Blick eines Kindes. Der »Heiland«, dessen Geburt Engel verkünden, wird der wahre Therapeut für unser oft pathologisch aus dem Takt geratenes Dasein. Einen Augenblick lang bleibt die Zeit stehen, damit wir Gelegenheit haben, unseren Umgang mit ihr zu bedenken und zu korrigieren.

Da lässt sich das Weihnachtstiming, das immer früher einzusetzen scheint, durchaus überlisten und ins Positive umkehren. Eine Therapie könnte genau damit beginnen: dass wir – rechtzeitig(!) an Weihnachten denken. Beginnen wir mit einem mutigen Blick auf den Gesamt-Kalender des Jahres. Noch wirkt er verdächtig unverbraucht, teils leer. Erste Frage: Wer zwingt uns eigentlich, »die schönsten Stunden des Jahres« ausgerechnet auf Heiligabend 16–24 Uhr zu fixieren? Das Datum kann uns zum Narren halten, und für viele ist Weihnachten am 25. Dezember schon vorbei. Paradox. Inzwischen bemühen sich manche um einen »anderen«, tiefer gelebten Advent. Aber nach dem Fest? Für Christen fängt es eigentlich erst an, wenn es für andere schon abgehakt ist. Der Stephanustag – ein Gedenken an Christen in Bedrängnis und Verfolgung. Der Johannestag mit der Segnung des Weins als Zeichen der Liebe und Gemeinschaft. Der Blick auf die Kinder von Betlehem, bestürzend aktuell. Der letzte Abend des Jahres und der Morgen danach – sind

Raketen und Kater die einzige Alternative? Das Fest der Epiphanie, an das uns die Sternsinger erinnern. Die Wegstrecke bis Mariä Lichtmess – in der Lichtsymbolik des Martinstages hätte das Fest schon »vor der Zeit« eine bedenkenswerte Entsprechung. Weiter ausgeholt: Das Gespür der Kirche hat das Datum der »Verkündigung«, den Augenblick, da Jesus empfangen wird, exakt neun Monate vor das Weihnachtsfest gesetzt. Der leibhaftige Rhythmus des »Austragens« also – könnte er nicht für alle heilsam sein, die das Jahr immer rascher dahintreibt?

Und liegt nicht der Gedanke nahe, den komprimierten Festtagsstress dadurch zu entlasten, dass einige Saisonaktionen irgendwo(!) im Jahr einen Ort bekommen, dann, wenn sie wirklich »dran« sind? Der ausführliche, lange erwartete Brief – warum soll er nicht mitten im Sommer geschrieben werden? Das mit Liebe entdeckte Geschenk – kann es nicht spontan »mittendrin« gemacht werden? Der längst fällige Besuch – warum als Pflichtübung gerade dann, wenn wir müde und erschöpft sind? Und das Essen mit vielen Gängen – gibt es nicht eine Festlichkeit, die weniger Geld und Kochstrategien und kein Stöhnen über Kalorien kostet? Und dann der Mut, auf Weihnachten »ganz anders« zu-

zugehen – mit Schritten der Stille Tag für Tag oder gar einer langen Wanderung unter einem schweigenden, weiten Himmel.

Das Fest selbst ist im Grunde arm und einfach: die Herbergssuche, die Krippe, der Stall, die Hirten. Für manche Christen gehört es schon länger zum Heiligen Abend, Obdachlosen, Einsamen, Kranken, Gefangenen zu begegnen oder sich von einer Ausländerfamilie einladen zu lassen. Und wenn wir erst »unsere« Krippe vor das Szenarium des Weltgeschehens platzieren, wie es sich uns dann gleich wieder in den »Tagesthemen« darstellt, müssten wir auf eine radikale Weise »kuriert« sein.

Eine solche Therapie verschreibt uns kein Arzt. Keine Krankenkasse bezahlt sie, aber ihr Preis sollte uns nicht zu hoch sein. Das Rezept dafür könnten wir uns jetzt schnell, ohne Zögern ins Notizbuch schreiben. Vermutlich hat uns ja schon jemand eins geschenkt.

Weltmissionstag der Kinder

Kein automatisches Kopfnicken

Und er war doch immer so eindrucksvoll: der »Neger«, der da geduldig an unseren Weihnachtskrippen hockte! Jedes Mal, wenn jemand eine Münze durch den Schlitz vor ihm warf, bewegte er kurz den Kopf. Kinder waren fasziniert, dass es »funktionierte«. Und manche Pfarreien haben der Versuchung nicht widerstehen können, den Nickneger weiterhin als Trick für ihr »Fundraising« einzusetzen.

Das Kindermissionswerk hat sich schon 1964 von ihm verabschiedet und ihn ins Museum gestellt. Die »Botschaft«, die in dieser scheinbar ganz unschuldigen Erfindung steckt, hat sich als höchst problematisch erwiesen, so sehr, dass das Wort »Mission« im Munde von Christen längere Zeit verdächtig wirkte. Von der Werbung wird es längst für viele andere, gar nicht so fromme Zwecke vermarktet. Gleichzeitig jedoch hat wieder ein Nachdenken eingesetzt, ob denn die »Sendung« der Christen wirklich ins Museum gehört. Natürlich: die Geschichte der Mission verbindet sich mit vielen zwanghaften Vorgängen, die zwar der Vergangenheit angehören, aber immer noch aufgearbeitet werden müssen. Besonders fatal wirkt es nach, dass das Abenteuer jener mutigen Männer und Frauen, die missionarisch in alle Welt aufbrachen, in das Image eines »weißen« Kolonialismus hineingeraten ist. In der heutigen Konfrontation der Kulturen und Religionen erzeugt das auf neue Art Verdacht, Abwehr, sogar Verfolgung. Aber selbst die gute Absicht, möglichst viele Menschen schon im Kindesalter durch die Taufe in die Gemeinschaft mit Christus herein zu nehmen oder sie, wie es in zahlreichen Ländern nötig war, aus der Sklaverei buchstäblich freizukaufen oder sie in christlichen Händen – vor dem Tode! – zu retten, wird vielfach missverstanden und kritisiert.

Schließlich hat das Zweite Vatikanische Konzil die einen irritiert, die anderen zu kurzschlüssigen Folgerungen veranlasst. Bahnbrechend hat es klargestellt, dass jeder Mensch seinen Glaubensweg in Freiheit suchen und sich entsprechend entscheiden darf, eine Forderung, die außerhalb der Christenheit noch längst nicht selbstverständlich ist. Und es hat hohen Respekt zum Ausdruck gebracht vor denen, die als Hindus, Buddhisten, Juden, Muslime und andere aufrichtig Gott suchen und ihren Glauben überzeugend leben. Das heißt aber nicht, dass damit die christliche »Mission« erledigt wäre und sich ins Nichts auflösen dürfte. Der Auftrag Jesu bleibt. Es bleibt auch die Überzeugung, dass in *ihm* der unfassbare Gott als »Vater aller Menschen« seine Liebe zur Erde »auf den Punkt gebracht« hat. Dies allen weiterzusagen und ins konkrete Handeln umzusetzen, fordert uns Christen heraus – bis an die Grenzen der Erde und bis ans Ende der Zeit (Mt 28,19-20). Und es wird – um der zukünftigen Menschheit willen – immer nötig bleiben, aufgeschlossene Menschen für dieses Programm hinzuzugewinnen und zu begeistern.

Ein Kind hat die Welt bewegt. Sein Licht fällt besonders auf die Kinder, zunächst weil sie überall zu den Schwächsten und Hilfsbedürftigsten gehören. Seit dem 19. Jahrhundert ist eine wichtige Einsicht hinzugekommen: Kinder selbst können etwas tun. Sie können helfen, unsere Welt heller und hoffnungsvoller zu machen, ein Netz der Freundschaft über die Erde zu breiten. 1843 war es ein französischer Bischof, der dieses »Missionswerk der Kinder« auf den Weg brachte, 1846 griff ein Aachener Mädchen, gerade erst fünfzehnjährig, seine Idee für Deutschland auf. Zunächst ganz bescheiden: regelmäßig eine kleine Münze als persönliches Opfer und ein tägliches Ave Maria für die Weltmission. Daraus ist eine wunderbare Bewegung geworden, in unserem Lande und auf allen Kontinenten. Zwischen Weihnachten und Neujahr steht ein eigener »Weltmissionstag der Kinder« im Kalender. Noch bevor sich unsere Sternsinger auf den Weg machen und die Erwachsenen um eine Gabe für die Kinder in Not bitten, geben sie selbst etwas von sich her. Aus Kleinem wird Großes. Kinder entdecken ihre eigene »Mission«.

Doch so wenig die Annahme unseres christlichen Glaubens in einem automatischen Kopfnicken besteht, so wenig wartet ein »nickender Neger« auf unser Almosen. Schon längst haben die Kinder begriffen und bekommen es in vielen Beispielen gezeigt, dass gerade die Armen *uns* beschenken. Manchmal beschämen sie uns geradezu mit ihrem Glauben, ihrer Fröhlichkeit und ihrer Bereitschaft zu teilen. Werden wir vielleicht einmal an unseren Krippen einen »dankbar nickenden« – Sternsinger sehen?

Die Kinder von Betlehem

Weinen am Checkpoint

Das ›Paradise Hotel‹, einst ein internationaler Treffpunkt: zur Hälfte verkohlt. Die Fensterscheiben der Nobelherberge gleichen nun zackigen Weihnachtssternen«, so beschrieb vor Jahren eine Reportage die aktuelle Situation in Betlehem. Viel Platz in der Herberge – weil keiner kommt. Und der Weihnachtsstern – eine makabre Karikatur. »Die Geburtskirche selbst wurde nicht getroffen«, berichtet in dem Artikel eine einheimische Frau. Natürlich wurde sie! Betlehem ist ins Herz getroffen: »Rahel weint um ihre Kinder« (Jer 31,15 – so zitiert in Mt 2,18). Das Grab von Jakobs Lieblingsfrau Rahel, dort am Checkpoint zwischen Jerusalem und Betlehem, gleicht einer Militärfestung. Und ein vielfaches Weinen, Schreien und Jammern kommt im Umkreis nicht zum Verstummen.

Es ist müßig, darüber zu streiten, ob der dramatische »Kindermord von Betlehem«, von König Herodes veranlasst, so stattgefunden hat. Schon seit der Exodusgeschichte (Ex 1,8-22), in der Ägyptens Pharao befiehlt, alle neugeborenen Knaben der Hebräer zu töten, zieht sich das Weinen der Kinder durch die Jahrhunderte. Die Verantwortlichen im Caritas Baby Hospital am Rande der Stadt hatten Trauriges zu berichten: Die so dringend nötige Hilfstätigkeit des Hauses wurde durch immer neue Schusswechsel im nahen Bet Jallah behindert. Manche Mütter gelangten mit ihren Kindern gar nicht bis dorthin. Die Kinder starben unterwegs. »Unschuldige Kinder« – aber wer ist schuld?

Können wir unbedacht »Betlehem« singen, können wir Weihnachten weiterhin so belanglos feiern wie bisher – »alle Jahre wieder«? Die Geschichte von Betlehem hatte immer schon einen Bodensatz der Bitterkeit. Im Hintergrund die Weltgeschichte: die Pax Americana des »göttlichen« Augustus. Zwischen Herbergssuche und statistischer Steuererfassung: ein »göttliches Kind«. Über all dem öffnet sich für einen kurzen Augenblick der Himmel: Friede wird ausgerufen als *die* neue Möglichkeit, dass die Welt wirklich nicht bleiben muss, wie sie bisher war.

Das Gedenken der Kinder von Betlehem wird zum »Mahnmal«. Es ist *die* Provokation zwischen dem Konsum- und Stimmungsstress von Weihnachten und dem millionenteuren Raketenbeschuss von Silvester. Nur ist weit und breit keiner zu sehen, der es wagt, das Regiebuch für »Merry Christmas« neu zu schreiben, ganz anders, ernüchternd, schmucklos, nackt und menschlich, in Windeln, auf Heu und auf Stroh. Ist einer, der so etwas zu denken wagt, ein Spiel- und Geschäfteverderber? Wer heute in Betlehem über den blitzsauber hergerichteten Platz auf die niedrige Tür der Geburtskirche zugeht, bewegt sich wie durch ein Niemandsland der »neuen Nachdenklichkeit«. Was kommt dabei heraus, sobald er die Tür erreicht hat und sich bücken muss, um zum Geheimnis von Gottes Erniedrigung zu gelangen? Wird er demnächst Weihnachten anders »begehen«?

Der Konvoi aus Kirchenführern, Diplomaten und Journalisten nach Betlehem, von dem Presse und Fernsehen berichteten, und sogar der kurze Besuch des Papstes im Baby Hospital mögen nur entfernt an den »Zug der Weisen« erinnert haben. Schon die Sterndeuter von damals, die sich – bei der Deutung ihres Sterns – an den »Zeichen der Zeit« zu orientieren versuchten, wurden in Sichtweite von Betlehem mit dem anpassungsfähigen Machtkalkül des Herodes und der Ignoranz derer konfrontiert, die es »eigentlich hätten wissen müssen« (s. Mt 2,5-6). Betlehem zeigte den Weitgereisten einen »anderen Weg« (Mt 2,12). Aber hinter ihnen – sie konnten es nicht mehr hören – erhebt sich Weinen und Wehklagen – bis heute.

Ein Foto: »Stop bombing Betlehem!« Auf einem großen Schild hält eine junge Frau diesen stummen Hilfeschrei den Vorbeifahrenden entgegen. Wann endlich! Eine arabische Christin? Ein Mädchen aus Israel – Mirjam? Eine junge Mutter irgendwo auf der Welt ... »Eine schwere Geburt« (Gen 35,16) hatte Rahel durchzustehen und starb daran. Nun weht das alte Prophetenwort über die Landschaft: »Rahel weint um ihre Kinder und will sich nicht trösten lassen.« (Jer 31,15) Und das »Paradise Hotel« steht immer noch gespenstisch leer.

Heilige Familie

Eine Brücke ins Morgen

Wenn das alte Jahr wie eine Leuchtrakete verglimmt und das neue beginnt, würden zwei Sätze genügen, um die Brücke dahin zu schlagen. Sie stehen im Kolosserbrief (Kol 3,12-21). »Ihr seid von Gott geliebt« und: »Ihr seid in Gottes Gnade.« Was zwischen diesen beiden Sätzen entfaltet wird, lässt aufleuchten, wie wir als Christen leben und überleben können. Vor dieser Ermutigung verblassen die eher moralisierenden Ermahnungen zum Fest der »Heiligen Familie«.

Natürlich: Da begegnen uns oft genug diese Drei in Nazaret als »nazarenisch« gemalte Idylle. Maria bereitet gerade das Essen. Josef werkelt an der Hobelbank, und der kleine Jesus schaut ihm brav und lernwillig zu. Unvorstellbar, zumindest schockierend der Gedanke, dass seine Mutter ihn, wie Max Ernst es drastisch dargestellt hat, auch einmal »versohlt« haben könnte. Und bei allen – heute höchst notwendigen – Appellen, unsere Familien zu fördern und zu stärken, immer wieder auch Hinweise, dass der spätere Jesus keineswegs so »familienfreundlich« gedacht zu haben scheint, wie es das Klischee will (s. Mk 3, 31-35; Mt 8,21-22; 10,34-37; 13,57; 19,29). Die Entscheidung für ihn kann einen Riss im Tischtuch erzeugen, einen Konflikt mit dem bisher vertrauten, engen Milieu im »Hotel Mama«. Nicht nur Pietro Bernardone, der Vater des Franziskus, stand in Assisi fassungslos vor dem Kleiderbündel, das sein Sohn vor ihm ablegte, um ganz nackt und frei zu sein für seine Berufung. Manche Familien setzen alles daran (s. Mk 3,21), um Tochter oder Sohn vor einer solchen »Verrücktheit« zu bewahren.

Doch gleich zu Beginn der Jesusgeschichte hat durch Josef, den »Sohn Davids«, die Folge der Generationen – für das Volk Israel eine wichtige Angelegenheit – eine Qualität über das familiäre Fotoalbum hinaus bekommen. Der Weg auf Weihnachten zu hat uns in den langen Glaubensweg Israels einbezogen. Die »Stammbäume Jesu«, wie sie Matthäus und Lukas aus unterschiedlicher Sicht entwerfen, erst recht die Darstellungen der »Wurzel Jesse« zeigen es. Nach und nach wird da ein Zusammenhang sichtbar, eine Zielstrebigkeit, die mühsam vorankommt, aber dann den Sieg davonträgt. Das Haupthindernis für die Verheißungen Gottes sind wir Menschen selbst, ist »der Mensch in seinem Widerspruch«. Deshalb treten wir langsam, fallen zurück, verkehren manche gute Absicht ins Gegenteil. Immer neu aber, in einem weiten Sinne »von Zeit zu Zeit«, bringt der Geist Propheten in Bewegung, Menschen, durch die Gottes Kritik und Anspruch vernehmbar werden. In ihrer Heimat, ihrem Umfeld unverstanden und abgelehnt (Mt 13,57), mischen sie sich ein in die Verhältnisse. Sie stören ein müde gewordenes, nur noch um sich kreisendes Denken. Vor allem entwerfen sie die Umrisse einer unzerstörbaren Hoffnung.

Und irgendwann muss er geboren werden, der »neue Mensch«. Dass sich das in Jesus, dem Kind von Betlehem, ereignet hat, glauben wir. Manchmal gerät uns das zu nett, als kurze Stimmung unterm Weihnachtsbaum. In Wirklichkeit ist dieses Kind eine Zumutung, – für Maria und Josef von Anfang an. Das wird spätestens zwölf Jahre später deutlich (Lk 2,41-52). Da nämlich meldet sich in dem »Kind« eine höhere Instanz. »Nach drei Tagen«(!) zeigt sich etwas, womit wir nicht gerechnet hatten – das hört sich schon ganz österlich an. Das Kind »emanzipiert sich«. Es entzieht sich der Hand der Eltern und findet seinen Ort »im Haus des Vaters«, unmittelbar in Gottes eigener Freiheit. Und »alle, die ihn hörten, staunten über seine Einsichten und seine Antworten.« Als ob sie es bisher noch nicht gewusst hätten, als ob sie es nicht immer schon ahnten und im Tiefsten ersehnten! Die beiden vorwurfsvollen Erziehungsberechtigten »verstanden nicht, was er meinte«. Maria jedoch tat das einzig Richtige: »Sie behielt alles in ihrem Gedächtnis.«

Ein solches Gedächtnis ist Ausdruck einer Liebe, die die Hoffnung nicht aufkündigt, zugleich aber zulassen und loslassen kann. »Ihr seid geliebt« heißt der erste Brückenpfeiler, der uns den Schritt ins Ungewisse wagen lässt. Der andere heißt: »Ihr seid in Gottes Gnade.« Das Wort »Gnade« umschreibt das unverfügbare, schöpferische Geschenk Gottes an uns: Zukunft aus seiner Hand, auch als Chance für jede neue Generation. Über diese Brücke können wir alle, Eltern und Nachkommen, Junge und Alte, miteinander gehen. Wie gut, wenn uns dabei ausgerechnet ein Kind an die Hand nimmt und uns den Stern zeigt, der da gerade – heller als alle schnell verzischenden Leuchtkörper – hoch über uns aufgeht!

Maria

»Maria war keine Madonna.«

Inmitten von »tausend Bildern«, wie der Romantiker Novalis es ausgedrückt hat, schaut sie mich an: eine junge Frau aus dem Nahen Orient. Fast noch ein Mädchen, mit schwarzen Augen, dem Kopftuch lose über dem dunklen Haar, in armer Umgebung, wohl in einem Zelt von Nomaden. Unter sein Schwarz-weiß-Foto hat Jörg Zink geschrieben: »Maria war keine Madonna.«

Muss das eigens gesagt werden? Oder ist es der protestantische Einspruch gegen einen ausufernden Muttergotteskult der Katholiken und Orthodoxen? Wahrscheinlich steckt in diesem Satz etwas ganz Einfaches: der Wunsch, dem Mädchen Mirjam aus Nazaret schmucklos und unmittelbar zu begegnen, zugleich mit einer diskreten Liebeserklärung. »Du bist voll der Gnade«, hören wir den Engel sagen (Lk 1,28) und beten es nach. In der griechischen Verbform »du Begnadete« schwingt nicht nur – theologisch – mit, dass Gott der Herr »mit Maria ist«. Darin klingt es wie Musik. Wir ahnen Charme und Grazie – *gratia plena. Tota pulchra es* – »Ganz schön bist du« – das Lied der Lieder, seit alters her ein Lied von der Liebe (Hld 4,1).

Der unverstellte Blick auf ein »ganz normales« Mädchen aus dem Lande Jesu, so er denn gestattet ist, kann tatsächlich einen schlichten, zugleich befreienden Zugang zu Maria schaffen. Da schaut sie uns an: Ihre Schönheit entspricht nicht dem Modekatalog. Ungeschminkt ist sie echt, ein Geschenk (»Gnade«), nicht zu machen und nicht zu kaufen. Ihr Blick ist wach und intelligent. Er verbindet die handfeste Erfahrung des Wasserholens und Brotbackens mit der Klugheit des Herzens, mit der noch schlummernden Weisheit einer künftigen Mutter. Sie kann lachen und singen, traurig sein und mitfühlen, nachdenken und beten. Sie kann schweigen, um genau hinzuhören.

So traf der Engel Maria an. So erreichte sie Gottes Verheißung. Und sie sagte Ja, ohne zu wissen, worauf sie sich damit einließ. »Hier bin ich«, sagte sie, im tiefsten Sinne »Geistes gegenwärtig«. Ein *Ja* ohne *Aber*.

Damit begann kein Triumphzug der Madonna, nicht die Karriere einer heutigen »Diva« im Scheinwerferlicht, der ihr Name – Madonna – sehr gelegen kommen mag. Für Mirjam in Nazaret begann mit ihrem *Ja* ein Weg, der mehr und mehr zur Straße des Leidens wurde. Ein Kind vor der Zeit – und wer ist der Vater? Und dann in Betlehem: Wohin sollen wir das Kleine legen, wenn es da ist? Im Tempel: »Dir wird ein Schwert durch die Seele dringen.« (Lk 2,35) Flucht nach Ägypten – wo gibt es ein Bleiberecht für Asylanten? Nach zwölf Jahren: »Kind, wie konntest du uns das antun?« (Lk 2,48) Und später: »Frau, was ist mir dir und mir?« (Joh 2,4) *Maria in tremore*, in Furcht und Zittern: »Sie trieben Jesus zur Stadt hinaus, brachten ihn an den Abhang des Berges und wollten ihn hinabstürzen.« (Lk 4,29) Und schließlich: »Wer ist das denn – meine Mutter, wer sind denn meine Brüder?« (Mk 3,33) Der Weg der Schmerzen führt unter das Kreuz: der tote Sohn auf Marias Schoß. *Pietà* – keine Madonna, sondern die *Mater dolorosa*. Ihr Blick kann uns vielfach treffen. Auf dem Kreuzweg der Menschheit, im Leid unserer Welt ist sie allgegenwärtig.

Gerade aber weil das so ist, bekommt der Blitzlichtmoment in jenem galiläischen Dorf, den kein Reporter – außer Lukas – festhielt, eine universale Bedeutung. Mitten im Elend des Menschen bleibt das Bild für immer stehen: Die Mutter wird zur Ikone. Nicht in dem flachen Sprachgebrauch, der heute so modisch klingt, sondern als das, was eine Ikone ist: die Verschmelzung einer urmenschlichen Gebärde mit dem Goldgrund des ewigen Mysteriums. Mit Maria beginnen wir das Neue Jahr. Gott selbst hat mit ihr eine neue Zeitrechnung eingeleitet. »Schalom«, lautet seine Botschaft im Mund des Engels: ein »Welttag des Friedens« für die ganze Menschheit. Ein Geschehen, das uns retten kann. »In tausend Bildern« das Eine. Alle, denen es wie dem Dichter Novalis geht, mögen darunter das Bild von Maria finden, das sie ganz persönlich anspricht. Es darf auch eine »Madonna« sein.

Allerdings wäre die Auswahl unvollständig, wenn wir nicht auch auf die alt gewordene Mutter Jesu schauten. Inmitten der ersten Gemeinde in Jerusalem ist sie mit allem, was sie »in ihrem Herzen bewegte« (Lk 2,19), einfach da. Schließlich wird sie, umgeben von den Jüngern, »entschlafen« in die Hände dessen, der zu ihrem *Ja* ein ewiges *Amen* spricht.

Epiphanie

HEUTE – zweitausend plus ...

Hier spricht Radio Tyrus ...!« Schon eine ganze CD-Serie gibt es inzwischen, entstanden aus der einen Grundidee: Nehmen wir an, wir wären Ohrenzeugen der biblischen Ereignisse, sozusagen gleichzeitig mit Scheich Abraham, König David und Jesus, dem in Betlehem geborenen Messias. Mit journalistischer Routine, zugleich theologisch pfiffig und durchaus reflektiert, haben die Autoren aktuelle Hörmagazine gestaltet, so lebendig und greifbar, als wären wir zumindest als Zaungäste dabei, wenn die Königin von Saba ihr Rendezvous mit Salomo hat.

Hierzu werden gestandene Exegeten die Nase rümpfen und die nicht mehr ganz neue Frage wiederholen, ob denn die alten Geschichten nicht eben doch »nur« Geschichten seien und als solche mit Vorbehalt nachzuerzählen. Trotzdem: Genau diese Geschichten – die von den Weisen aus dem Morgenland zum Beispiel – ragen nachhaltig in unsere Menschheitsgeschichte herein. Tausendfach haben sie ihre Kraft bewiesen, die Welt wirksam beeinflusst, unzählige Menschen in Bewegung und zum Handeln gebracht. Wie kommt es sonst, dass Jahr für Jahr um den Dreikönigstag sich eine halbe Million Kinder in Deutschland auf den Weg machen, um – als »Könige« – an den Türen zu singen und für andere Kinder zu sammeln? Dies nur als ein Beispiel von vielen. Hier spricht dann nicht nur ein imaginäres »Radio Tyrus«. Sehr originell scheint sich hier Gott selbst zu Wort zu melden, jener Gott, der von sich sagt: ICH BIN DA. Ein Gott im Präsens, ein Gott im Heute.

Merkwürdig, was für ein Gespür für dieses »Heute« die alte Liturgie der Weihnachtszeit hat! Es lohnt sich, einmal ein Choralbuch herzunehmen und diese Spur zu verfolgen. In der Magnificat-Antiphon zum Epiphaniefest erreicht sie einen Höhepunkt. Wie in einem Brennpunkt fließen die drei Ereignisse zusammen: HEUTE führt der Stern die Magier zur Krippe, HEUTE wird aus Wasser Wein, HEUTE lässt sich Jesus ins Wasser des Jordan tauchen, um die Menschheit aus der Tiefe zu holen. Und schon im achten Antwortgesang der Weihnachtsmette hören wir überschwänglich und poetisch: »HEUTE sind für die ganze Welt die Himmel fließend geworden, wie von Honig.« Warum? Heute wird das erstarrte Weltbild verflüssigt. Sagen wir es profaner: Der Friede Gottes wird »liquide«, nicht mehr Geld auf hoher Kante oder ein ungedeckter Scheck. Er gerät »in Umlauf« für alle Menschen guten Willens. Dieses Heute hat es in sich.

Deshalb ist es keine ermüdende Wiederholung, wenn die Christenheit zum zweitausendsten Mal die Geburt des Messias feiert und die Könige »schon wieder« – wie in einer mechanischen Krippenkonstruktion – nach Betlehem müssen. Wer in dieses Heute, diesen Lichtkreis Gottes eintritt, mit dem geschieht etwas Entscheidendes. Ihn berührt Gottes ICH BIN DA, zeit-nahe und aktuell. Betlehem ist für ihn nicht »alle Jahre wieder«, sondern Betlehem jetzt.

Zugleich erfahren wir in diesem Aufblitzen Gottes – wir nennen es Epiphanie – noch etwas: Die Zeit bleibt stehen und wird endgültig. Was wir mit »ewig« meinen, ist eben nicht eine wehmütige, letztlich zynische Vertröstung auf ein Irgendwann und Hinterher. »Ewigkeit bricht in die Zeit« lautete eine Komposition zum Jahr 2000. Wer an diesem Punkt angekommen ist, »geht auf einem anderen Wege auf sein Terrain zurück« (Mt 2,12) wie die Weisen – die in Betlehem weise Gewordenen. Ins Ewige eingetreten – wie jene in das einfache Haus dort –, hat er eine Bleibe gefunden, etwas Bleibendes, das künftig mit ihm geht. »Wer glaubt, der bleibt« (Jesaja 7,9 positiv gesagt). Selbst wenn einmal Harry Potter wieder out ist, wird man weiter von jenen »Magiern« aus dem Osten erzählen. Ihre Wanderung und ihr Ankommen werden dann immer noch »heute« sein.

Schwindel erregend und kühn, wie die Liturgie und manche Kirchenausmalung das zusammenkomponieren! Unterschiedliche Ereignisse fügen sich da in eins. Da ist Geschichte kein Nacheinander mehr, nichts zum Abhaken wie die Meldung von vorhin. Wie ein Kosmos, ein Sternenhimmel, dreht sich alles um die eine Botschaft: »Gott liebt diese Welt.« Und in diesem Kreis der Sternbilder strahlt das eine Gestirn auf, das in Nacht und Wüste Orientierung gibt und hoch über Betlehem stehen bleibt. Nicht nur wie in Radio Tyrus, »als ob es heute wäre«. Es *ist* heute.

Taufe Jesu

Das Bad in der Menge und das Bad im Jordan

Der Himmel hat seine eigene Geografie. Wo hat er sich geöffnet – für einen kurzen, alles verändernden Augenblick? Die Archäologen versuchen, auf der Landkarte am Jordan den Ort herauszufinden. Auf steinigem Gelände legen sie die Schichten einer uralten Erinnerung frei. Die Tourismusunternehmen wittern ihre Chance und sind zur Stelle. So gibt es selbst im neuen Jahrtausend noch Überraschungen mit der alten Geschichte von der Taufe Jesu.

Deren traditioneller Ort, in der Nähe von Jericho, war immer wieder militärisches Sperrgebiet und schwer zugänglich. Eine aufwändig gestylte Taufanlage am Ausfluss des Sees Gennesaret kann es nicht gewesen sein. Seit einiger Zeit richtet sich die Aufmerksamkeit auf ein neues Grabungsgebiet: im Wadi El Kharrar auf jordanischer Seite. Von manchen wird es mit dem »Betanien« des Johannesevangeliums gleichgesetzt (Joh 1,28). Natürlich sind nicht die schnell angelockten Touristenschwärme für die Bedeutung dieses Geländes maßgeblich. Auch künftig werden es, zwei Päpste vorneweg, die Pilger sein, Menschen im »Warten auf das Ereignis Gottes«, wie Frère Roger es einmal formuliert hat. Erwartung schon damals, als Johannes am Jordan predigte (Lk 3,15). Was war das? Sensationslust? Massensuggestion? Ein neuer spiritueller Trend? Sehnsucht nach politischer Befreiung, nach Revolte und Umsturz?

Johannes, der in der Tat den Mächtigen in Politik und Religion den Kopf wusch, zwang seine Zuhörer erst einmal, sich tief ins Wasser des Jordans tauchen zu lassen, alle falschen, vorschnellen Deutungen, aber auch alle Illusionen über sich selbst einer gründlichen Reinigung zu unterziehen. Was kam dabei »heraus«? Ein »neuer Mensch«, frisch gebadet, »wie neu geboren«? Wohl kaum – es war ja »nur Wasser« (Lk 3,16). Das wirklich Neue kam anders, als es die Masse hoffte. Da näherte sich einer ganz leise. »Zusammen mit dem ganzen Volk« (Lk 3,21), mitten im Gedränge: der Mann aus Nazaret. Matthäus (3,13-14) und Johannes (1,29-36) deuten an, dass es einer besonderen Hellsicht bedurfte, sein Inkognito zu durchschauen. Wer soll das auch können, wenn sich einer absichtlich unter die Sünder mischt und sich von diesen an den Jordan drängeln und schieben lässt? Was dann geschieht, beschreiben die Evangelien als grandiose Inszenierung. Besonders die Ikonenmaler, aber auch die Künstler aller Zeiten haben sie farbig und dramatisch wiedergegeben. Der Himmel öffnet sich, der Geist schwebt taubengleich hernieder, die Stimme Gottes ertönt. Das mag theatralisch wirken, barock. Der Gewalt dessen, was hier geschieht, ist es durchaus angemessen.

Lukas jedoch verankert das Geschehen von vornherein in einem kleinen, aber entscheidenden Nebensatz. »Während er betete«, sagt er (3,21). Das kehrt in der Szene von der »Verklärung« Jesu auf dem Berg wieder – »während er betete« (9,29). Für die drei Jünger, die als Augenzeugen dabei sein sollten, breiteten sich Schlaf und Traum darüber. Auch die Volksmenge am Jordan hat nichts gemerkt. Flüchtig ist der Augenblick. Aber in Raum und Zeit tut sich eine Tiefe auf, die einen offenen Himmel widerspiegelt. Sie erschließt sich in dem, was hier mit »Beten« umschrieben wird. Mit Jesus kommt ein betender Mensch. Das ist seine Grundhaltung, sein Wesen. Es ist mehr als das pflichtgemäße Rezitieren traditioneller Gebetsformeln. Es ist der Atem, aus dem er lebt. Es ist der Abgrund, aus dem er schöpft. Es ist sein Geheimnis. »Der

Einzige, der Gott ist und am Herzen des Vaters ruht«, sagt Johannes (1,18). Hier streikt unser Sprachvermögen. Genauer, wenn auch schwieriger, müssten wir übersetzen: »dessen Sein in den Schoß des Vaters hineinreicht«. Doch eben das wird in der Szene der Taufe offenkundig und besiegelt. Betend taucht Jesus ins Wasser des Jordans – nahe dem tiefsten Punkt unserer Erdoberfläche. »Er entäußerte sich, beugte sich ganz hinunter, wurde leer«, sagt der Philipperbrief (2,7-8). Jesus dringt durch die Oberfläche, geht dem Letzten »auf den Grund«. Das ist keine Flucht ins Innerliche, sondern Begegnung mit dem Himmel, Berührung durch den Geist, Gespräch des Sohnes mit dem Du des Vaters. Aus dem Wasser erhebt sich der »Einziggezeugte« (Joh 1,18), der Menschensohn, der Sohn Gottes. Die Scharen am Jordan ahnen es nicht. Aber es wird ihnen zum Segen sein. Auch morgen noch werden die Archäologen tief schürfen und die Touristen ihre Blitzlichter auslösen. Werden sie wahrnehmen, was hier geschah?

Einheit der Christen

Eine schwierige Erbschaft

Der Aachener Dom ist schon früher zum Weltkulturerbe erklärt worden als der Kölner. Das mag verwundern. Denn während die Kathedrale am Rhein sich außen wie innen als ein »Haus voll Glorie« präsentiert, wirkt die Pfalzkapelle Kaiser Karls mit all ihrem Drumherum eher verwinkelt, in Jahrhunderten irgendwie aneinandermontiert. Da sagte mir jemand beim Herausgehen: »Hier sehe ich ja überhaupt nichts. Hier verliere ich jede Übersicht. Noch nicht einmal das Zentrum, den Altar, hatte ich im Blick!«

Könnte uns das mit der Christenheit auch so gehen? Es ist schwer, mit den vielen Kirchen und Gemeinschaften, Traditionen und Besonderheiten zurechtzukommen. Meistens wird das Problem als eine Tragödie der Spaltung beklagt, mit Jahreszahlen wie 1054 (Ost- und Westkirche), 1517 (Reformation), 1871 (Altkatholiken) und vielen anderen. Dementsprechend bemühen sich die einen, endlich näher zusammenzurücken, andere wollen sich lieber doch gegeneinander »profilieren«.

Da hat es viel Streit und Ausgrenzung gegeben, Besitzanspruch und Krieg: Geradezu tragisch wirkt es, dass es den Engagierten dabei meist nicht um vordergründige Machtinteressen geht, sondern, wie alle beteuern, um die Wahrheit »und nichts als die Wahrheit«. Diese verträgt keine Halbherzigkeiten. Sie fordert Standort und Bekenntnis, Unterscheidung und Formulierung. Auch die Fähigkeit, fair miteinander zu streiten. Doch immer wieder droht die Gefahr, unduldsam und eng zu werden, exklusiv, das heißt: ausschließend, mit *Anathema* und Exkommunikation. Und dann wieder, wie das Erwachen aus einem bösen Traum: die Erkenntnis, dass es so nicht weitergehen kann, »damit die Welt glaubt« (Joh 17,21). Jesus hat inständig darum gebetet.

Wenn sich aber schon im Johannesevangelium, im ersten christlichen Jahrhundert also, diese Sehnsucht widerspiegelt, hat es dann unter den Christen diese Gefahr des Auseinanderdriftens schon von Anfang an gegeben? Allein wer sich auf Petrus als den »ersten Papst« beruft und die römische Kirche als die einzig diskutable, erhält aus dem Vorderen Orient Einspruch. Schon bevor Petrus in Rom ankam, hat er Gemeinden gegründet. Im syrischen Antiochia zum Beispiel (heute Antakya in der Südtürkei), wo man »die Christen zum ersten Mal Christen nannte« (Apg 11,26). Bei meinem Besuch im Libanon und in Damaskus habe ich nacheinander gleich vier Patriarchen getroffen. Alle berufen sich auf eine Tradition aus frühesten Zeiten, und sofern sie mit Rom verbunden sind, haben sie meistens noch einen »orthodoxen« Konkurrenten. Bei den Christen der Reformation geht es noch verwirrender zu, und wer sich auf das Feld freikirchlicher, pfingstlerischer oder gar sektiererischer Gruppen begibt, verliert restlos den Überblick – viel mehr als im Aachener Dom.

Dort habe ich mich an eine Säule gesetzt und darüber nachgedacht. Da kam mir ein Gedanke: Es ist sicher gut, alles zu tun, was uns Christen zueinander führt: gemeinsam zu beten, auf sozialem Gebiet zusammenzuarbeiten, vor allem in Ehe und Alltag »Ökumene« zu leben. Aber scheint nicht die Einheit, wie sie von manchen gedacht wird, noch ganz weit weg, dort hinterm Horizont irgendwo, vielleicht nur ein Traum bis zum Ende der Zeit? Wir schleppen in der Weltkultur ein schwieriges Erbe mit uns herum und treten damit auf der Stelle. Wäre es da nicht – wenigstens für heute – gut, sich zuerst über die Vielfalt gelebter Erfahrungen zu freuen und sich davon beschenken zu lassen?

Statt sich nur »auseinanderzusetzen«, sich immer wieder »zusammenzusetzen« – in Gastfreundschaft und einem lebendigem Interesse daran, dass der Andere »anders« ist? Das viel zitierte Wort »Toleranz« heißt wörtlich »ertragen«. Ökumene ist mehr.

Keiner füllt den Aachener Dom nur mit sich allein aus. Aber die Nische, die er gefunden hat, gehört zum ganzen Bau. Der »Fels«, von dem aus dieser entworfen ist, der Altar, mag zeitweise aus dem Blick geraten. Doch ganz oben wölbt sich die Kuppel, Sinnbild der Liebe Gottes, die alle umgreift. Von dort her schaut uns Christus an. Einmal wird er jeden von uns und uns miteinander fragen, wie überzeugend wir sein Vermächtnis eingelöst haben.

Begegnung im Tempel

Im Generationenhaus

Allzu winzig, fast nur mit der Lupe zu entdecken, ist das Jesuskind auf einer Ikone geraten, die uns jemand für das Kindermissionswerk gemalt hat. Doch neulich habe ich ein sieben Tage altes Baby gesehen, das war auch nicht größer. Und selbst wenn es sich in vierzig Tagen prächtig entwickelt, so war doch schon das noch kleinere Wesen, bevor es »das Licht der Welt erblickte«, ganz und gar Mensch, fähig, selbst einmal »ein Licht zur Erleuchtung« (Lk 2,32) zu werden.

Das Kind ist der Brennpunkt der »Lichtmess«-Szene, ein Aufblitzen, eine Epiphanie Gottes selbst (vgl. Mal 3,2). Um diesen innersten Lichtkreis herum ein zweiter: die Eltern. Dann aber: zwei Vertreter der alt gewordenen Generation, Simeon und Hanna. Aus den Jahrzehnten ihrer Erwartung und aus dem Dunkel ihrer Gebetsnische treten sie ins Licht eines Kindes. Das macht diese Geschichte vor ihrem himmlischen Goldglanz so menschlich. Da ist der Tempel nicht nur ein Ort des Gebetes »für alle Völker« (Lk 2,32, s. Jes 46,7), er wird auch zur

Begegnungsstätte für die Generationen. *Omnes generationes* klang es schon im Magnificat der jungen Maria bei der Begegnung mit Elisabet, der Älteren (Lk 1,48).

Generationen – ein hoch aktuelles Stichwort. Immer wieder wurde da vorwiegend ein Konflikt herausgestellt. Natürlich: Dass es in vielen Familien knirscht und kracht, dass Beziehungen aufgekündigt werden, dass Heranwachsende ihre Eltern »peinlich« finden und Eltern frustriert auf ihre scheinbar missratenen Erziehungsbemühungen schauen, dass manche Alten diskret »außerhalb versorgt« werden, ist nicht wegzudiskutieren. Und es wird auch immer so bleiben, dass es schmerzliche Prozesse des Erwachsenwerdens geben muss. Inzwischen hat jedoch das Miteinander zwischen Jung und Alt wieder eine beachtlich gute Presse bekommen. Ist sie plötzlich wieder da, die »Zeit der Großeltern« (Christ in der Gegenwart 2/2009)? Die Frage erschöpft sich nicht darin, dass eine Oma in Rufweite ganz praktisch ist. »Jugend trifft Erfahrung« heißt zum Beispiel eine Initiative im Bistum Aachen, die ein neues Miteinander gezielt organisiert. Pensionäre schreiben Erinnerungsbücher für die übernächste Generation. Familienforschung wird wieder interessant. PowerPoint-Präsentationen vergilbter Fotos erheitern die »runden« Geburtstage. Architekten entwerfen Mehr-Generationen-Häuser. Politiker bringen das Thema engagiert auf die Tagesordnung, und der katholische Weltfamilientag hat Teilnehmende aus 98 Nationen nach Mexiko reisen lassen.

Eine solche – fast nicht erwartete – »Erleuchtung« sollte nicht als Panikreaktion einer alternden Gesellschaft abgetan werden. Das Evangelium öffnet uns da eine ganz andere Perspektive, nach rückwärts wie nach vorn. Simeon wird zu Abraham, der »diesen Tag sah und sich freute« (Joh 8, 56). Hanna kann sogar Hanna bleiben: Schon der Mutter des Propheten Samuel, die auch so hieß, »öffnete sich weit der Mund« zum Lobpreis einer neuen Zeit (1 Sam 2,1). Und der Festtagsprophet Maleachi hat mit dem letzten Wort des Alten Testamentes einen Doppelpunkt gesetzt: Wenn der Messias kommt, kündigt er an, werde sich »das Herz der Väter den Söhnen und das Herz der Söhne den Vätern zuwenden« (Mal 3,24).

Nur eine ferne Vision, ein Generationen hindurch kaum für möglich gehaltenes Wunder? Warum eigentlich? Die Szene im Tempel wird uns Jahr für Jahr neu vor Augen gestellt, und wir zünden dazu Kerzen an. Ein Licht zur Erleuchtung? Jedenfalls geht dieses Licht von einem Kinde aus, und es lässt uns Gottes Modell ein wenig deutlicher erkennen: sein Tempel, die Kirche, als Generationenhaus mit »vielen Wohnungen« (Joh 14,2), Nischen, Fenstern und Balkonen, aber auch einem großen Foyer, in dem alle sich treffen und einander Mut machen können.

Treffpunkt Gott: Das Kind Jesus wird, wie wir in der alten Sprechweise sagen, Ihm »dargestellt«, übergeben und anvertraut. Doch auf einmal wendet sich die Blickrichtung um: Da stellt Gott selbst sich dar in seiner Liebe zu uns und der Welt. Denn »in jedem Kind, das geboren wird«, hat der indische Weise Tagore sinngemäß gesagt, »zeigt Gott, dass er die Lust am Menschen noch nicht verloren hat«.

Fastenzeit

Ein verordnetes Datum?

Und ich – habe übrigens gerade Ramadan«, sagt der junge jordanische Kellner, als er seinem deutschen Gast eine Schweinshaxe mit Sauerkraut kredenzt. Liebenswürdig und leicht ist der Gast ein wenig irritiert. Und er sagt sich, als Christ: »Ja, Fastenzeit haben wir ja bald auch. Und übrigens – nicht so wie die Moslems, dass man abends alles nachholen kann, was man an einem harten Tag entbehrt hat. Das überzeugt mich sowieso nicht. Das finde ich nicht konsequent. Da halte ich es doch lieber mit – ...« An dieser Stelle verschluckt er sich am Sauerkraut und fragt sich dann: »Hoppla, – womit halte ich es überhaupt?« Damit ist er aber unversehens am entscheidenden Punkt angelangt.

Womit halte ich es eigentlich? Diese Frage liegt vor der anderen, ob ich wirklich noch die Fastenzeit »halte«. Viele haken die letztere Frage schnell ab, insofern auch das Fasten für die Christenheit nicht mehr ist, was es einmal war. Andere aber sympathisieren mit aufschlussreichen Hintertürchen, ein bisschen verschämt, ob es auch keiner merkt. Sie fangen gerade ein »Heil-Fasten« an. Oder sie machen eine Entschlackungskur. Oder eine Diät zum Abmagern. Einmal die Woche Ernährungsberatung. Oder Fitnesstraining. Tricks über Tricks. Und am Geburtstagsbuffet wenigstens das Alibi: »Also ab morgen – wird gefastet.« Verrät ein solch grotesker Umgang mit dem Fasten-Phänomen nicht, wie sehr das Ganze ins Platte und Machbare gerutscht ist? Und dass man es dann besser wirklich bleiben ließe, statt frustrierend viel Energie darauf zu verschwenden? Manche geben so viel Geld dafür aus, ihre Pfunde los zu werden, wie sie ausgegeben haben, um sie zu bekommen. Ein fast schon lustiger Kreisverkehr.

Und genau darum geht es überhaupt nicht. Natürlich wissen wir, wie sehr Körper und Geist sich bedingen. Wissenschaftlich gesehen sündigen wir mehr als früher, weil wir, wie es scheint, mehr wissen. Psychosomatisch. Ökotrophologisch. Wir sündigen nicht gegen Gott, sondern gegen unsere besseren Ahnungen und Einsichten.

Was treibt Jesus damals in die Wüste, in die Erfahrung der Vierzig Tage (Lk 4,1)? Es ist der »Geist«! Er sollte auch unser Fasten bestimmen, nicht als Überlebenstraining, nicht als Willenstest, wie lange es ohne Alkohol und Zigaretten klappt, sondern als Ausbruch in eine Freiheit, die anders wohl kaum zu haben ist. Das kostet einiges. Aber, so sagt der Volksmund, »was nichts kostet, ist auch nichts«.

Diese Chance einer geistigen Befreiung zu sich selbst und zur Klarsicht auf die Welt, wie sie wirklich ist, hängt immer zusammen mit der Fähigkeit, auf Distanz zu gehen, nicht mit dem plumpen Verzicht auf ein paar Kalorien. Diese Distanz heißt Abstandnehmen und Lassenkönnen. Nicht selbstquälerische Entsagung und auch nicht arrogante Abwertung der Welt – ein solches Fasten will Gott nicht, Jesus auch nicht (Jes 58,5; Mt 6,16). Die Distanz, die hier gemeint ist, hängt sogar mit einem lebhaften Interesse an der Welt, ihrem Zustand, ihren Ereignissen, ihrer Zukunft zusammen. Sie hat etwas mit Liebe und Erbarmen zu tun. Wer auf Abstand geht, sieht klarer und wird fähiger, das jetzt Notwendige zu tun. Damit wird das tiefste Motiv für eine wirklich sinnvolle Fastenzeit sichtbar: die Rückkehr zur »ersten Liebe« (Apk 2,4), aus der Flachheit des dahin rennenden Alltags in die Tiefe, die unser Leben trägt.

Aber apropos Alltag! Wie kann das denn der geplagte Zeitgenosse überhaupt schaffen? Gerade jetzt bekommt er keine Ausnüchterungskur genehmigt. Er kann auch gerade jetzt keinen Erlebnisurlaub in der Wüste buchen. Das Leben rast weiter, ohne Erbarmen. Ein Fasten in kleinen Portionen, so jeden Tag ein bisschen, als Lösung anzubieten, wäre glatter Hohn. Stattdessen die Rückfrage: Wie viel Fantasie und Konsequenz ist dir deine Liebe wert? Wenn ich eine solche Erfahrung der Tiefe meines eigenen Lebens, eine solche Befreiung gar nicht will und ersehne, sollte ich das Ganze auf sich beruhen lassen und mir nichts vormachen. Dann kann es mir keiner aufschwätzen und anpredigen. Dann helfen keine Ausreden und auch keine Sanktionen. Dann sollte ich mir Schweinshaxe mit Sauerkraut bestellen, mitten im Ramadan. Wenn aber etwas in mir ganz klar sagt, was mir gut täte, um Mensch zu bleiben, sollte ich auf diese Stimme hören, tun, wozu »der Geist« mich drängt. Die Maskerade des Karnevals kann ich am Aschermittwoch in den Schrank hängen – um deutlicher zu sehen, worum es wirklich geht.

Josef

Der »Mann im Hintergrund«

Längst schon denkt keiner mehr an Lametta und Christbaumschmuck – irgendwo schlummert das alles bis zum nächsten Mal. Und auch die Krippenfiguren sind sorgsam wieder im Karton verstaut. Aber mit der eigenwilligen Vitalität, die für das Kirchenjahr typisch ist, wird unter der violetten Decke der Fastenzeit bereits wieder der Countdown der Menschwerdung Gottes eingeleitet. Neun Monate vor Weihnachten hört Maria das Wort des Engels, und ein paar Tage davor, am 19. März, hat jener Josef aus Nazaret Namenstag, der die Folgen einer solchen Verheißung als erster verkraften musste. Manchen ist aufgefallen, wie »unauffällig« er des Öfteren an der Krippe steht. Da tummeln sich die Hirten. Da glitzern die Könige herbei. Da schnauben Ochs und Esel dazwischen. Engelchöre ziehen unsere Aufmerksamkeit auf sich, und das Licht des Himmels fällt auf das Kind im Stroh. Aber Josef? Auf den Ikonen der Ostkirche hält er sich sogar im Abseits auf, am unteren Bildrand, um sich vom Propheten Jesaja erklären zu lassen, was er nicht begreifen kann. Am Rande des Unbegreiflichen wirkt dieser Josef selbst wenig fassbar, fast geheimnisvoll. Er steht vor einem Rätsel und ist selbst eins.

Schon der Name »Josef« hat es in sich. Im Stammbaum, mit dem das Matthäus-Evangelium beginnt, ist Josef der »Sohn Jakobs« (Mt 1,16). Gab es das nicht schon einmal? War nicht der Sohn des Patriarchen Jakob und seiner Lieblingsfrau Rahel (Gen 30,22) eben Josef, der lange Erwartete, Josef, – der mit dem bunten Rock (Gen 37,3), der »Träumer« (Gen 37,5-11; 18 u. a.)? Der Name, den die Mutter ihm gibt, kommt von »hinzufügen«. Merkwürdig. Ist etwa der elfte der Jakobssöhne Gottes »Zugabe«? An sich ein reizvoller Gedanke – aber weit gefehlt! Rahel nämlich deutet den Namen so: »Gott gebe mir gleich noch einen weiteren Sohn hinzu!« Das wird dann Benjamin sein. Kaum geboren also, muss Josef zurückstecken, Platz machen für den, der danach noch kommt. – Und sein abenteuerlicher Weg? Bald muss er verwirrende Träume deuten lernen. Bald muss er heraus aus dem bunten Gewand des Hochzeiters. In die Tiefe der Zisterne und des Zweifels muss Josef hinab. Hat Gott selbst auch so gedacht, als er sich einen Mitspieler für seine Nazaret-Geschichte aussuchte? Der biblische Sachverhalt ist klar. Trotzdem fällt es schwer, sich realistisch hineinzudenken. Allein im Blick auf Josefs Alter und Aussehen gehen die Überlieferungen auseinander. Ist er denn der junge, hoffnungsvolle Hebräer mit dunklen Augen, möglichst mit Kippa und schwarzen Schläfenlocken, der Bräutigam, der sich schockierend hintergangen fühlt? Oder ist er der eher großväterliche Behüter des Mädchens Mirjam, der schon grauhaarige Witwer, dem man sie getrost anvertrauen konnte? Und dann noch: Warum hat, als Jesus die Bühne der Ereignisse betritt, Josef offenbar schon längst den Schauplatz kommentarlos verlassen?

Wollte er sich nicht davonstehlen, als er von Mirjams Schwangerschaft hörte, und dies als die humanste Lösung einer schmerzlichen Irritation? Wie handelt er dann wirklich? Josef schleicht sich nicht aus der Affäre weg. Aus dem Hintergrund weltgeschichtlicher Anonymität, aus dem hinterwäldlerischen Nazaret, tritt er für einen entscheidenden Moment – vielleicht zitternd, aber kompromisslos – *vor* alles, was geschieht. Er stellt sich vor Mirjam und das Kind. Im Stammbaum Abrahams und Davids fügt er der Kette der dreimal vierzehn Generationen (Mt 1) dieses eine Kind hinzu. »Dieses Gottesgeschenk ist *mein* Kind«, dokumentiert er der Dorföffentlichkeit. »Ich bin der Vater.« Das könnte Gott selbst gesagt haben. Mit einem beherzten Schritt ist Josef ins Licht Gottes getreten, spricht er an Gottes Statt! Er hatte sich das alles ganz anders vorgestellt – aus der Traum. Aber nun gehört er zu Gottes eigenem Traum – von einem Neubeginn für alle Menschen »seiner Gnade« (Lk 2,14). Damit diese Botschaft verkündet werden kann, muss sich Josef nach Betlehem aufmachen. Wie sein »Namenspatron« muss er dann nach Ägypten und zurück. Und Jeshua, der Prophet aus Nazaret, wird die meisten Jahre seines Erdendaseins als »der Sohn des Zimmermanns« gelten. Dass in Wirklichkeit Gott selbst hier gehandelt haben soll – Josef »steht dafür gerade«. Gradlinig, aufrecht hält er aus, was die Leute so denken mögen. Ein »Mann im Hintergrund«? Der Hintergrund seiner Lebensgeschichte gehört Gott selbst. Ein Mann im Vordergrund? Das wollte Josef nie sein. Ein Mann fürs Himmelreich? Das allerdings! Als für einen schmerzlichen Augenblick der Boden unter ihm zu wanken begann, hat er in bewundernswertem Vertrauen wieder Tritt gefasst, Stehvermögen und Weg gefunden – und später dann ein Datum im Kalender, der unbeirrbar auf Ostern zustrebt.

Ankündigung der Geburt Jesu

»Wie soll das geschehen ...?«

Darf ein Erzengel ungerecht sein? Fast scheint es so. Die beiden eindrucksvollen Szenen, mit denen das Lukasevangelium beginnt, gleichen sich. Wohl steht hier der Priester Zacharias am Rauchopferaltar des Jerusalemer Tempels, andererseits wird dort die jugendliche Maria in der Verborgenheit ihres Dorfes Nazaret angetroffen. Beiden aber wird – gegen alle Erwartung – feierlich die Geburt eines Sohnes verheißen. Zacharias fragt den Engel: »Woran soll ich erkennen, dass das wahr ist?« Maria fragt: »Wie soll das geschehen?« Beide nennen einen Grund für ihre überraschte Nachfrage. Zacharias: »Ich bin schon alt.« Maria: »Ich bin noch jung.« Zacharias: »Zu spät.« Maria: »Zu früh.« Beide können wir verstehen. Doch warum endet die erste Szene mit einer befristet verhängten göttlichen Strafe und die zweite mit einer Antwort, die mitten in Gottes Geheimnis führt?

Ein bewegender Unterschied fällt schon auf. Der alte Mann, der meint, er habe seine Zeit gehabt, und deshalb von der Zukunft keine Wunder mehr erwartet, wird mit Stummheit geschlagen. Er hat den Menschen »nichts mehr zu sagen«. Er wird zur hilflos gestikulierenden Figur. In der Rückfrage Marias jedoch ist ein »Noch nicht« verborgen, das für Zukünftiges – »jungfräulich« – offen ist. Deshalb erleben wir, wie der Geist ihr die Zunge löst: »Ich bin die Magd des Herrn. Mir geschehe nach deinem *Wort*.« (Lk 1,38) Lukas, der sein Evangelium in einem gepflegten Griechisch schreibt, hört durchaus mit, dass ein Hebräer mit »Wort« nicht zuerst den »Logos« der Griechen meint. Wenn in der Bibel ein Wort von Gott kommt, ist das sehr dynamisch. Es hat Konsequenzen. Es ist schöpferisch und bewirkt etwas. »Und Gott sprach«, hören wir schon ganz am Anfang, »und so geschah es« (Gen 1,7). »Im Anfang war das Wort«, greift Johannes das in seinem Evangelium auf (1,3) und fährt fort: »Alles ist durch das Wort geworden, und ohne das Wort wurde nichts, was geworden ist.« Im Buch des Propheten Jesaja (55,11) hören wir Gott sagen: »So ist es mit dem Wort, das meinen Mund verlässt. Es kehrt nicht leer zu mir zurück, sondern bewirkt, was ich will, und erreicht all das, wozu ich es ausgesandt habe.«

Darauf laufen beide Verkündigungsgeschichten hinaus. »Weil du meinen Worten nicht geglaubt hast, die in Erfüllung gehen, wenn die Zeit dafür da ist (!)«, hört Zacharias erschreckt, »sollst du stumm bleiben bis zu dem Tag, an dem all das eintrifft.« Und Maria? »Bei Gott ist kein Ding unmöglich«? – Das ist zur geflügelten Redensart geworden. Und natürlich: wenn es nicht so wäre, wäre Gott nicht Gott. Aber ganz genau müsste es heißen: »Nicht kraftlos bleiben wird von Gott her, was immer er sagt.« Jedes Sprechen Gottes hat eine Wirkung. Als Beweis dafür teilt der Engel Maria mit, dass sich die für Zacharias so »unglaubliche« Verheißung schon längst zu erfüllen begonnen hat – »im sechsten Monat«.

Wie zwei leuchtende Ikonen stehen die Szenen unmittelbar nebeneinander. Wir sind kaum gewohnt, sie so direkt zu vergleichen. Oder wir ergreifen allzu schnell Partei gegen den alten Zacharias pro Maria. Beim genaueren Hinsehen öffnet sich jedoch eine Spannung, die auch die Frage nach Gottes Gerechtigkeit und Erwählung in der Schwebe lässt, eine Brücke vom Alten zum Neuen, vom Vergangenen zum Kommenden. »Seht her«, will Gott sagen, »nun mache ich etwas Neues. Schon kommt es zum Vorschein – merkt ihr es nicht?« (Jes 43,19) Und am Ende der Bibel: »Was früher war, ist vergangen. Seht, ich mache alles neu.« (Offb 21,4-5)

Zacharias, von seiner Stummheit befreit, stimmt einen Lobpreis an, der sich aus dem Vergangenen in die Zukunft öffnet. Und Maria ist fähig geworden zu ihrem Lied, das aus dem Beten Israels wie aus einem tiefen Brunnen schöpft. Das »Benedictus« des Zacharias singt die Kirche, wenn der Tag anbricht, das »Magnificat« Marias, wenn er zur Neige geht. Eigentlich, mögen wir denken, wäre es andersherum richtiger. Aber es ist schon so: Nach all unseren Zweifeln soll das Ja, zu dem Maria begnadet wurde, das letzte Wort sein – als Echo auf das Wort, mit dem Gott unsere Lähmung in Kreativität, unsere Sprachlosigkeit in einen Gesang der Hoffnung verwandeln will.

Karwoche

»Denn wiederum kommen die Tage ...«

Reiseberichte und Bilder von der spanischen *Semana Santa* wecken gemischte Gefühle: exotische Faszination, Gruseltrip à la Mittelalter, befremdetes Zurückschrecken und dann wieder einen rauschartigen Sog, doch dabei zu bleiben und wieder hinzugehen. Spitze Ku-Klux-Clan-Kapuzen, sich geißelnde Büßer, betörende Gesänge, dicht gedrängte Menschenmassen, weinende Madonnen, ein blutüberströmter Christus, geschmückt mit Blumen in üppigen Farben ... – Ganz anders, aber nicht weniger pittoresk die Heiligen Tage der orthodoxen Kirche, zum Beispiel in Griechenland: Ikonen, sonst als Schätze gehütet, verlassen die Häuser und Klöster zur Prozession durch die Gassen, Kronen, leuchtendes Rot und Gold der Liturgen bei der Fußwaschung. Das feierlich umher getragene »Grab« Christi am Karfreitag – stundenlang sind die Fernsehzuschauer und am Ort des Geschehens »live« die Repräsentanten des Staates mit dabei. Und dann als Höhepunkt einer sich suggestiv steigernden Osternacht die Freudenexplosion des *Christos anesti* – »ER ist wahrhaft auferstanden!«

Solch ekstatischer Überschwang scheint dem, worum es in der Heiligen Woche geht, durchaus angemessen. Sowohl der Hosianna-Jubel des Palmsonntags, die Turbulenz des Geschehens damals, die Buntheit der Kinderprozessionen heute wie auch der Durchbruch zum neu angestimmten Halleluja in der Osternacht stoßen in eine Dimension vor, die das alltäglich dahinlaufende Dasein überschreitet. Sogar die Tage der Passion, die Symbolik des Gründonnerstags und die Erhabenheit der Karfreitagsliturgie durchbrechen und vertiefen das Übliche auf unverwechselbare Weise.

Trotzdem bleibt in unseren Breiten eine Kontrasterfahrung zu den dramatischen Zeremonien in Spanien und Griechenland nicht aus: Liegt es an der herberen Mentalität der Deutschen – je nördlicher, desto mehr –, ist es vielleicht benediktinisch geprägte Schlichtheit und Diskretion, wenn die Feier der Heiligen Woche hierzulande eher kühl, verhalten und wie durchsichtig wirkt? Wer die Palmweihe mitgemacht hat, gerät unvermittelt in das klare, feierlich schwebende *Kyrie eleison* der Passionsliturgie. Gründonnerstag noch einmal ein

Gloriarauschen und Glockengetöse – dann wird es karg und still. Und die neunte Stunde des Karfreitags, drei Uhr nachmittags zu ungewohnter Gottesdienstzeit, ist meistens in ein helles, farbloses, neutrales Licht getaucht, welches das Geschehen in einer eigentümlichen Schwebe hält. Der Karsamstag gar, mit seiner Funkstille, seinem Ereignisvakuum, wurde einmal von einem Trappistenmönch als ehrlichster Ausdruck unserer menschlichen Situation vor Gott gepriesen, als »Leer-Sein vor Gott« zwischen einem Nicht-mehr und einem Nochnicht. Und die Osternacht selbst, der Gipfel aller liturgischen Feiern im Jahr? Nun, es soll Zelebranten geben, die dies in vierzig Minuten »erledigen«. Andererseits gibt es landauf, landab manche Beispiele einer bewegenden, begeisternden Gestaltung und Mitfeier, bei der niemand auf die Uhr schaut. Doch selbst hier ist der Überschwang gebremst, nicht nur deshalb, weil die Beteiligten genau in dem Augenblick, da sie gerne einmal klatschen möchten, noch die brennenden Kerzen halten müssen.

Ist das richtig beobachtet? Die hier empfundene Kühle ist immerhin alles andere als nur »cool«. Sie hat eher etwas von der unvergleichlichen Stimmung aus dem Finale von Bachs Matthäuspassion:

»Am Abend, da es kühle war ...« Da vermischen sich Tränen und Tröstung, Erschöpfung von allem, was geschah, und Bereitschaft, sich auf eine Verwandlung einzulassen. Gott, der im Windhauch des sinkenden Tages durchs Paradies einhergeht, um den schuldig gewordenen Adam in seinem Versteck aufzuspüren (vgl. Gen 3,8), nähert sich neu dem Menschen – wie in einer »Stimme verschwebenden Schweigens« (1 Kön 19,12 in der Übersetzung Martin Bubers). Selbst der österliche Gang nach Emmaus ist von dieser Verhaltenheit, dieser »diskreten« Annäherung Gottes geprägt. Dieser Weg ist ehrlich. Er entspricht uns vermutlich mehr als ein Jubel auf Kommando. Es gibt eine Ergriffenheit, die ist leise, aber gerade deshalb wirksam, geeignet, unserer Tiefe neu für den Gott, der uns sucht, für den in die Abgründe hinabgestiegenen Christus zu öffnen. Und: unser ganzes Wesen aus dem tapferen Anschauen des Leidens und Sterbens, durch die Tränen der Magdalena hindurch, zu einer befreiten Heiterkeit, zum »österlichen Lachen« zu führen.

Gründonnerstag

Leonardo lässt grüßen.

Endlich, wenigstens einmal in meinem Leben, war es mir vergönnt, das berühmteste aller Abendmahlsbilder im Original zu sehen. Mit einer kleinen Besuchergruppe, wie sie jeweils nur hereingelassen wird, stand ich im früheren Refektorium des Mailänder Klosters Santa Maria delle Grazie und schaute zu dem Gemälde hinauf, das Leonardo da Vinci vor 500 Jahren gemalt hat. Die Zeit hat ihm zugesetzt, behutsam ist es restauriert worden. Die ganze Stirnwand füllt es aus, überraschend groß. Es hat ja auch universale Dimensionen bekommen. Überall auf der Welt ist mir das Bild begegnet, in mehr oder weniger geglückten Reproduktionen: die »Ikone« einer bewegenden Szene, eine dramatische Momentaufnahme und zugleich endgültig. »Sooft ihr das anschaut«, scheint Jesus in der Mitte des Bildes zu sagen, »tut es zu meinem Gedächtnis.«

Bei solcher Berühmtheit bleibt es nicht aus, dass die Darstellung zu manchen Verfremdungen reizt, bis zur Karikatur oder zur reißerischen Frage, ob sich darin nicht ein sensationeller »Code« verbirgt. Ohne darüber groß zu spekulieren, bemerkt der Betrachter bald, dass Leonardo die Apostelschar in vier Dreiergruppen komponiert hat. Darunter wirken drei besonders dramatisch und angespannt. Von Jesus aus gesehen, sitzen sie zu seiner Rechten. Judas dominiert – gleich wird er zusammen mit dem Meister »die Hand in die Schüssel tauchen« (Mt 26,23). Irritiert wendet er sich zu Petrus um, der »hinter seinem Rücken« den Johannes zur Aufklärung anstiftet, wer denn der Verräter sein wird. So geraten Liebe, Verrat und Feigheit in drei sehr verschiedenen Menschen auf Tuchfühlung, ganz dicht.

Und dann trifft all das uns ganz persönlich. Hochdramatisch prallt es in Bachs Matthäuspassion aufeinander. Da hören wir, nach der Ankündigung des Verrats, das hektische Stimmengewirr der Jünger: »Herr, bin ich's, bin ich's, bin ich's?« Und dann ohne Atempause den Chor, mit der Gemeinde oder stellvertretend für sie: »*Ich* bin's, – ich sollte büßen / an Händen und an Füßen.« Da bekommt die Frage »Hand und Fuß«.

Da wird das Ganze *unsere* Szene. Jesus aber, obwohl er die Hauptperson ist, wirkt mittendrin merkwürdig isoliert, zu allen sprechend und doch irgendwie einsam.

Da hat mich eine Variante von Ben Willikens geschockt und nachdenklich gemacht. Das absolute Kontrastbild. Zwar erkennen wir da sofort, wo wir sind: die weiß gedeckte Tafel, der leere Raum, Fenster und Tür ins Freie ... Aber niemand ist da, kein Jesus, keine Apostel, und auf dem Tisch steht gar nichts. Als ich in meiner Vorstellung das Fehlende ergänzte, fiel mir die Schlagzeile eines kirchenkritischen Artikels ein: »Jesus allein zu Haus«. Und dann erinnerte ich mich an die Bibel: »Nach dem Lobgesang gingen sie zum Ölberg hinaus.« (Mt 26,30) Zurück blieb ein leerer Raum.

Die Gelehrten sind sich nicht einig, ob die Leonardo-Szene den Augenblick wiedergibt, da Jesus sagt: »Das ist mein Leib« (Mt 26,26) oder als er ankündigt: »Einer von euch wird mich verraten.« (Mt 26,21) Im Johannesevangelium wetterleuchtet beides schon viel früher, damals in Kafarnaum. Dort bezeichnet sich Jesus als das »Brot des Lebens« (Joh 6,35). Doch weil das schwer zu verkraften ist (6,60), ziehen sich viele Jünger zurück (6, 66). »Wollt auch ihr gehen?« fragt Jesus den kleinen Rest (6,67). Die Ölbergszene steigert das: »Da verließen ihn *alle* Jünger und flohen.« (Mt 26,56). Jesus allein. Keiner mehr da.

Der Abend des Gründonnerstags nimmt uns in

diese kaum auszuhaltende Spannung hinein. »Es kommt die Nacht, in der niemand mehr etwas tun kann«, hat Jesus gesagt (Joh 9,4). Doch als diese Nacht angebrochen ist, betet er, noch im Kreis der Jünger: »Vater, die Stunde ist da. Verherrliche deinen Sohn, damit der Sohn dich verherrliche!« (Joh 17,1) Nacht und Herrlichkeit, Finsternis und Licht, – Geheimnis Gottes, der so abwesend scheint im leeren Raum unserer Fragen. Doch nun hören wir einen umso verbindlicher, ganz nahe sagen: »ICH BIN DA« (Ex 3,14). Er entzieht sich nicht stillschweigend. Er bleibt. Er geht auf »die Stunde« zu. Das ist Gottes Augenblick. Das ist sein brennender Dornbusch (Ex 3,2.14). Gott selbst sagt in Jesus: »ICH BIN DA«. »ICH BIN«, sagt Jesus immer wieder, – Brot und Weinstock, Hirte und Tür, Weg und Wahrheit, Auferstehung und Leben. Geheimnis des Glaubens. Leonardo lässt es uns ahnen.

Karfreitag

Das Geschäft läuft weiter.

Die Ladenschlusszeiten sind immer wieder in der Diskussion. Da gab es auch den verstohlenen Blick auf einen verkaufsoffenen Karfreitag. Ein Feilschen auf dem Basar des Zeitbudgets? Service oder Kommerz – bald »rund um die Uhr«?

Gerade der Karfreitag und das gesamte Timing der »Heiligen Woche« machen da nachdenklich. »Wiederum kommen die Tage ...« hören wir. Diese Tage geben seit alters her einen ganz eigenen Zeit-Takt an. Die an ihr Ziel kommenden Fastenwochen rasten ein in dem, was »damals« geschehen ist. Wir können die Uhr danach stellen und die Passion Jesu wie nach Stundenplan oder Protokoll mitgehen. Manche, ob im Kloster oder in der Pfarrgemeinde, tun das. Für viele Zeitgenossen hingegen läuft die Woche durch wie jede andere, es sei denn, der Frühjahrshausputz oder das Kofferpacken für den Kurzurlaub machen Stress – oder der Missmut darüber, dass der Karfreitag halt so »still« sein muss.

Natürlich: Der »historische« Kreuzweg Jesu war kein feierliches Passionsspiel, im virtuellen Schonraum inszeniert. Ein hastiges Hinrichtungskommando zwängte sich durch die Gassen Jerusalems. Das Geschäft lief weiter im Basar. Nicht jeder Händler hat mal eben aufgeschaut, das Feilschen oder das Zählen seines Kassenbestandes unterbrochen. Kein Verhandeln gab es allerdings für jenen Simon, der vom Felde kam und nur noch Feierabend wollte, Sabbat so bald wie möglich.

Im Zeittakt des Passionsdramas können Minuten lang und lastend werden – eine »Ewigkeit«? Tatsächlich: Ewiges berührt uns hier, intensiver als sonst, doch ausgerechnet im Ticken der Uhr oder, nicht so modern gesagt, im Sand, der gnadenlos durchs Glas rinnt. Da bricht der Abend des Pessach herein. Mag sein, dass die Jünger für einen Moment die Zeit vergaßen. Aber Jesus weiß, dass »es Zeit ist« (Joh 13,1): »Auf, lasst uns gehen!« (Joh 14,31) Und dann im Garten Getsemani: Die Apostel versinken im zeit-losen Schlaf, während der Herr eintaucht in lange Sekunden der Angst. Was dann kommt, ist ein Zeitraffer: ein jähes Aufschrecken, ein Handgemenge, eine schnelle Verhaftung. Das kennen wir – aber wer macht sich jenes schmerzhafte Zeitvakuum bewusst, vor dem die Pilger schaudern, wenn sie in die Gewölbe der Jerusalemer Kirche St. Peter im Hahnenschrei geraten? Die endlose Nacht-Wache Jesu im Gefängnis wird nur dadurch markiert, dass der Hahn zwei Mal kräht. Diese Nacht ist für Christen in aller Welt Grund genug, mit Jesus mehr als »eine Stunde« zu wachen und zu beten (Mt 26,40-41). Je mehr sich die Passion verdichtet, desto konkreter werden die Zeitangaben. »Als es Morgen wurde« (Mt 27,1), fällte der Hohe Rat das Todesurteil. »Es war die dritte Stunde, als sie ihn kreuzigten (Mk 15,25)«, neun Uhr morgens. Oder stand Jesus um zwölf – »ungefähr um die sechste Stunde«, wie Johannes festhält (Joh 19,14) – noch vor dem Richterstuhl des Pilatus? »Von der sechsten bis zur neunten Stunde« (Mt 27,45) wurde es finster über der Szene. Um die neunte Stunde – nachmittags um drei – starb Jesus. Selbst sein Begräbnis hatte unter Zeitdruck zu geschehen. Der Sabbat brach an, diesmal als »großer Feiertag« (Joh 19,31). Auch wenn hier die Überlieferungen nicht exakt übereinstimmen und die Glocken streiken, sind die Stunden deutlicher zu spüren als sonst. Der Kreuzweg am Morgen, die feierliche Kühle der Passionsliturgie, die Grablegung bestimmen die Schritte durch den Karfreitag. In Terz, Sext und Non hat das Stundengebet der Kirche diese Struktur in den Alltag übernommen.

Der Karfreitag – ein offener Zeit-Raum im Kalender. Erst recht der »Sabbat«, der Karsamstag: eine Leere, ein Aushalten im »Nichts« ... Und was für eine Zeitangabe ist »der dritte Tag«? Und die Strecke nach Emmaus und zurück? Die Antwort ahnt nur, wer »diese Tage« riskiert, als Test-Parcours seines Glaubens, gleichzeitig mit der alten Geschichte, die jedes Jahr in unser Leben hineingerät.

Aber wer kann sich das schon leisten! Das Geschäft geht weiter. Kassen klingeln, Züge fahren, das Fernsehen flimmert nonstop, das Handy unterbricht die Stille. Karfreitag und Passion – »verkaufsoffen« oder nur im Ausverkauf? Möglicherweise stimmt der Kassensturz nicht. Liegen da am Boden des Heiligtums immer noch dreißig Silberlinge, die keiner haben will?

Ostern

Exodus – nichts für Wasserscheue und Seekranke

Die Christenheit »vor Ort«, versammelt zur Feier der Ostervigil, zieht die Köpfe ein. Die meisten bekreuzigen sich, einige schmunzeln unverhohlen. Der Pfarrer schreitet durch die Reihen und versprengt freigiebig das frisch geweihte Taufwasser. Mit kräftigem Schwung sorgt er dafür, dass auch der Letzte wenigstens noch einen Spritzer abbekommt.

Warum sich vor dem Wasser ducken? Ostern hat ganz viel mit dem nassen Element zu tun, von Anfang an, seit jener Urgeschichte des Volkes Israel, als man ein im Binsenkorb dahin treibendes Baby aus dem Nil rettete und dann später eben dieser »Mose« seine vor Angst schlotternden Landsleute – sozusagen »nass-forsch« – aufforderte, den Weg durchs Schilfmeer zu wagen.

Bemerkenswert, wie sehr gerade diese dramatische Bibelszene immer wieder zur filmischen Umsetzung gereizt hat. Da zischt und schäumt es nur so, dem Ereignis angemessen. Wasser »en masse« –

und natürlich mit jenem Exzess der Simulationen und Tricks, dem sich kaum ein Regisseur entziehen kann. Da gebietet denn Mose in Gestalt von Charlton Heston oder Ben Kingsley einer sich gebirgsähnlich aufbäumenden Wasserflut, die den Kindern Israels den Weg ans rettende Ufer freigibt und gleich darauf über Pharaos Kriegern wieder zusammenschlägt. Nur in einer wohl weniger bekannten Verfilmung, in der Burt Lancaster den Mose spielte, geht es maßvoller zu: In dem Moment, der den ganzen Exodus entscheidet, sehen wir nur Füße rasch durch das aufspritzende Watt eilen und kurz darauf die klobigen Räder der Kampfwagen hoffnungslos versacken. So ähnlich könnte es gewesen sein.

Aber warum läuft gerade dieser »Film« in jeder Osternacht von neuem – als das einzige »Muss« im Lesegottesdienst? Hier wird die Wassergeschichte zum Testfall dessen, wofür ein Christ – als mit Wasser Getaufter – sich entschieden haben sollte: Er muss einen Schritt riskieren, bei dem er sich die Füße nass macht, einen Schritt, der ihn ins »Rote Meer« führt, ohne dass sich darin schon eine Gasse geöffnet hat.

Unwillkürlich verbindet sich diese riskante Herausforderung mit dem Abenteuer jenes Petrus, der sein Boot verlässt, um wie sein Meister »übers Wasser gehen« zu können, und sich prompt wie einer von Pharaos versinkenden Kriegern vorkommt. »Warum«, muss er sich anhören, »warum ist dein Glaube so klein? Warum hast du gezweifelt (dass es möglich sein würde)?« (Mt 14,31)

Dieser Schritt »aus sich heraus«, aus der vordergründigen Sicherheit in den Horizont eines rückhaltlosen Vertrauens, ist der Kern des Exodus. Was das Volk Gottes als Ganzes erlebte, muss jedes einzelne Mitglied sehr persönlich nachvollziehen. Der Theologe Heinrich Schlier hat einmal formuliert, jeder Getaufte habe eine »exponierte Existenz«. Das klingt ungewohnt, aber es trifft genau diese Erfahrung. Christsein ist nichts für ein privates, unangefochtenes Kuscheldasein. Christ zu sein, ist gewagt. Es kann ungemütlich werden. Der Grund unter den Schritten kann nachgeben. Wer aufs Wasser zugeht, muss mit kalten Füßen rechnen.

»Exponiert« heißt: ausgesetzt. Wer den Exodus wagt, steht »im Freien« – im doppelten Sinn des Wortes. Er ist frei, befreit aus aller möglichen Sklaverei. Aber nun ist er eben auch »öffentlich« und damit angreifbar. Auf der Bühne der Ereignisse ist er als Mitspieler erkennbar, oft genug nicht auf jener, wo es den meisten Applaus gibt. Er steht im

Scheinwerferkegel kritischer Beobachtung. Manchmal steht er am Pranger. Mitchristen in vielen Ländern der Welt müssen das durchstehen bis zum Martyrium, müssen durch ein Meer der Unsicherheit und der unentwegten Bedrohung ziehen.

Hierzulande mag sich die nahe liegende Versuchung einstellen, mit seinem Glauben lieber »unterzutauchen«, diesen im Privaten und Anonymen zu belassen. Aber das Untertauchen ist nur der erste Teil des alten Taufrituals. Der zweite, entscheidende Akt ist, aus dem Wasser hervorzukommen, »aufzuerstehen«, zum wirklichen Leben befreit und – bereit zu den Konsequenzen, die sich daraus ergeben werden.

Osterzeit

Vierzig Tage »danach«

Auch wenn beim Vatertags-Trip zu »Christi Himmelfahrt« keiner danach fragt, sollten wir es wissen: Warum nach Ostern noch solch ein Fest – eine späte Zugabe nach vierzig Tagen? Ist Gott denn nicht immer schon, von Ewigkeit zu Ewigkeit, »bei sich«, in seiner himmlischen Herrlichkeit? Und ist der Sohn nicht ewig schon »beim Vater«? Zumindest: Sagen uns nicht Theologen, in der neunten Stunde auf Golgota, im letzten Atemzug des Gekreuzigten, sei »das Eigentliche« schon geschehen? Braucht Jesus noch eine Himmelfahrt? Er ist doch schon angekommen. Er ist schon der ICH-BIN-DA, bevor es die Seinen bemerkten.

Ein Verdacht kommt auf: Vielleicht ist es unser eigenes Problem, dass wir vierzig Tage und mehr brauchen, um das zu begreifen. Es sieht ganz danach aus. Wie oft erfasst unser Glaube alles erst hinterher, nach und nach! Vierzig Jahre zieht das Volk Israel durch die Wüste. Vierzig Tage sucht die Jüngerschar Jesu ihren Weg. Aber Gott, der bei den Seinen bleibt, erweist sich als geduldiger Pädagoge.

Ein weiterer Aspekt, ausgesprochen menschlich: Kommt es nicht immer wieder vor, dass sich zwischen einem Ereignis und dem Augenblick, da es besiegelt und wirksam wird, eine Zeitspanne, eine »kleine Weile« auftut? Ganz banal zum Beispiel: Da wird einer, weil er mit dem Auto zu schnell gefahren ist, »geblitzt«. Das Protokoll trifft, weil auch Beamte Zeit brauchen, sechs Wochen (vierzig Tage!) später ein. Oder ganz feierlich: Da wird einer, wie nebenbei, nach dem Angelus am päpstlichen Fenster, zum Kardinal ausgerufen. Viele freuen sich sofort, doch erst nach Wochen feiern Tausende »angemessen«, dass die plötzliche Meldung nun »in Kraft getreten« ist. Wir Menschen scheinen das zu brauchen: nach der Überschreitung unseres Limits Brief und Verwarnung, nach einer guten Nachricht noch ein bisschen »Himmel« dazu. Übrigens gibt es in der Bibel immer wieder, von den Psalmen (47,6; 103,19) bis zur Apokalypse (11,7; 19,6b) das pompöse Motiv der Thronbesteigung. Wer einst zum deutschen König erwählt war, »wurde« es erst, nachdem er sich ein Vaterunser lang zu Aachen auf Karls Thron gesetzt hatte. Lässt etwa Gott selbst sich – oder uns – Zeit, bis es wirklich »so weit ist«, bis das längst Eingetretene für immer gilt?

Eine Zeitspanne, ein Prozess, eine Bewegung stecken im Wort »Himmelfahrt« selbst schon drin. Im Deutschen überaus missverständlich, heißt es im Lateinischen so viel wie »Hinaufsteigen«: *ascendit in caelum*. Dem geht ein Abstieg voraus: *Descendit ad inferos*. Der in den Himmel Aufgestiegene ist zunächst »niedergefahren zur Hölle«, wie es früher im Credo übersetzt wurde. Vom tiefsten Punkt der Erde her, dem Jordangraben, macht sich Jesus auf den Weg »hinauf nach Jerusalem« (Mk 10,32-33). Von diesem Tiefpunkt aus beginnt der Aufstieg des Menschen überhaupt, mühsam Schritt für Schritt. Nach seiner »Wallfahrt durchs trostlose Tal ... schaut er Gott auf dem Zion« (Ps 84,7-8), anders als erwartet: am Kreuz. Doch genau dort kommt das Wort *exaltavit* ins Spiel (Joh 3,14; Phil 2,9). Hinaufgehen wird Erhöhung. Gott selbst lässt den, der »ganz herunter gekommen« ist, »groß herauskommen«. *Exaltavit,* – das ist nicht exaltiert, verwegen und maßlos. Das ist Thronbesteigung, Eintritt ins Allerheiligste (Hebr 4,14).

Dabei begeben wir uns keineswegs in die Gesellschaft der Astrologen, die auf Deszendenten und Aszendenten spezialisiert sind. Wir bekennen unsere Zuversicht, dass wir alle wie jener Eine bei Gott ankommen können – und werden. Also keine doppeldeutige »Fahrt ins Blaue«, sondern unsere Chance, dem zu folgen, der uns vorausgegangen ist (Mk 10,32; 14, 28) und der die Leuchtspur des Himmels in unser Leben gelegt hat. Aus Leere und Nichts, aus Tod und Hölle führt der Weg in sein Licht. Dieser ist nicht mehr umkehrbar. Gott hält, was er verspricht. »Christi Himmelfahrt« markiert den Beginn seiner Zukunft, die uns für immer offen steht. Im Weltraumzeitalter, das sich so »fortschrittlich« gibt, noch zeitgemäß? Mehr als das: Genau genommen, ist unser Fest wahrhaft fortschrittlich. Es hält uns in Bewegung. Es liegt unseren Kalendertagen – und auch unserem Denken, das sich längst in fernste Räume vorwagt – voraus. Für viele unserer Zeitgenossen scheint Gott Lichtjahre weit entfernt zu sein. Doch uns gibt er wenigstens vierzig Tage lang Zeit, hinter das Geheimnis von Ostern zu kommen.

Christi Himmelfahrt

Wohin denn schauen, wenn nicht zum Himmel?

Regelrecht den Kopf verdreht hat es vermutlich den Jüngern auf dem Ölberg, als plötzlich zwei weiß gewandete Männer sie fragten: »Ihr Leute aus Galiläa, was steht ihr da und schaut zum Himmel empor?« (Apg 1,11) Eine frustrierende Einmischung. Wohin denn schauen, wohin sich wenden, wenn nicht dorthin, wo ihr Meister »emporgehoben«, »von einer Wolke aufgenommen« worden war? »Schaut nicht hinauf – der Herr ist hier bei uns«, singt ein neueres geistliches Lied. »Er wird wiederkommen«, sagt Lukas vorsichtiger. Aber von wo? Wohin ist er gegangen? Wo ist er jetzt wirklich? Instinktiv tut die Jüngerschar das Naheliegende: Sie gehen durchs Kidrontal zurück nach Jerusalem und warten ab. Gottes Geist wird ihnen die Antwort geben.

Trotzdem: Haben nicht alle, die sich seitdem auf diesen »himmelfahrenden« Jesus einlassen, irgendwann das »Nachsehen«? Ein Schwindelgefühl in mehrfachem Sinn, vielleicht auch ein spiritueller Taumel, stellt sich ein, wenn jemand dieser Frage nach dem Wohin und Wo »nachgehen« will. Er mag sie drehen und wenden und dabei Gleichgewicht und Orientierung verlieren. Sein Weltbild gerät ins Wanken. Oben, unten, rückwärts und voraus, rechts und links – was gilt? Was sich mit Jesus ereignete, hat kontrastreiche Dimensionen.

Da ist zuerst die Perspektive, die wir gewohnt sind: Himmel-Fahrt. Der Astronauten-Gag, dass »da oben« kein Gott und kein Jesus zu finden sind, ist inzwischen mehr als verstaubt. Schon die ersten Christen haben es sich so nicht vorgestellt. Was aber soll es heißen, wenn einer auf der Wolke davongeht und einmal »mit den Wolken kommt« (Offb 1,7)? Was meint der Autor des Hebräerbriefes, wenn er von einem Jesus spricht, »der die Himmel durchschritten hat« (4,14) und »über die Himmel erhöht« ist (7,26)? Da kommt das Universum in Sicht, alle nur denkbaren Welten, auch die bis heute nicht erfassten. Das »Aufsteigen« des Menschen, das hier in Christus aufleuchtet, ist auch der modernsten wissenschaftlichen Neugier voraus, unzählige Lichtjahre. Geht es doch um ein ganz anderes Licht, dessen Frequenzen den ortlos gewordenen alten Adam nun umgeben. Gottes Liebe, durch nichts einzugrenzen, hat sich für den Menschen geöffnet und ihn in sich aufgenommen.

Wäre es auch möglich, genau in die Gegenrichtung zu schauen, nicht in die Höhe, sondern in die – Tiefe? Dem *ascendit* des lateinischen Credos entspricht ein *descendit*, dem Hinauf- ein Hinabsteigen. Könnte es sein, dass Gottes Liebe, die am Kreuz in ein schwarzes Nichts zu versinken schien, noch abgründiger, noch tiefer ist als selbst die Hölle und diese sozusagen »nach unten hin« durchbricht? Eine »Reise zum Mittelpunkt der Erde«? Deren Hülle ist ja vergleichsweise dünn und oft bruchig. Darunter ist alles Feuer und Glut. Wenn Teilhard de Chardin gesagt hat, der »kosmische Christus« sei eingetreten »ins Herz des Universums«, dann entspricht sich beides. Höhe und Tiefe erweisen sich als verwandt. Unfassbares Licht über jeden Rand hinaus, in der Mitte aber eine Liebe, die alles durchglüht. Hildegard von Bingen scheint es in einer ihrer berühmtesten Visionen geahnt zu haben.

Aber dann nach der Vertikalen der Blick über unsere Erde: zum Horizont, über den hinaus uns einer vorausging und von dem her er »auf uns zurückkommen wird«. Das wird zum Antrieb für die Apostel, »bis an die Grenzen der Erde« zu gehen (Apg 1,8) und im Geist Jesu, der sie dazu drängt, »das Antlitz der Erde zu erneuern« (s. Ps 104,30).

Eine solche Blickrichtung braucht nicht zu verwirren. Sie ist österlich. Schon der Dichter des 139. Psalms (VV. 7-12) kennt diese Wechsel in der Perspektive. »Steige ich hinauf in den Himmel, so bist du dort«, betet er – der Blick nach oben. »Bette ich mich in der Unterwelt, bist du zugegen.« – der tiefste Abgrund. »Nehme ich die Flügel des Morgenrots und lasse mich nieder am äußersten Meer«, – auch hinterm Horizont geht's weiter mit dem, »der bei uns ist alle Tage bis zum Ende der Welt« (Mt 28,20). Im österlichen Introitus wird das Bekenntnis des Psalmsängers zum Wort des Auferstandenen: *Resurrexi – et adhuc tecum sum* (Ps 139,18) – »auferstanden bin ich und immer noch bei dir.« Nach allen Höhenflügen und Abstürzen, nach einem endlos scheinenden Weg, ohne mit ihm den Horizont zu erreichen, die befreiende Kehrtwende der Maria aus Magdala: »Da drehte sie sich um, und da stand er vor ihr.« (Joh 20,14) Unfassbar immer noch, aber ganz nahe.

Pfingsten

Auf Kreuz-Fahrt

Wir bitten alle Kreuzfahrtpassagiere, sich bereitzuhalten ...« Drei Stunden mussten wir Normalreisenden mit Blick auf die Insel Rhodos vor Anker liegen, bis die auserwählte Gruppe von ihrem Landtrip zurückkam. »So eine Kreuzfahrt – das wäre, wenigstens zur Zeit, nichts für mich«, dachte ich, trotz vieler bunter Angebote in den Reiseprospekten. Und während ich auf dem Schiffsdeck die sanfte Bewegung des Mittelmeeres unter mir spürte, kam mir in den Sinn: »Da fahren die doch in wenigen Tagen die ganze Landkarte ab, die der Apostel Paulus in mühsamen Jahren für Christus erobern musste!«

So kommen auch all die Länder in Sicht, die damals am Pfingstmorgen in Jerusalem aufgezählt werden (Apg 2,9-11). Wer diesen Text des Lukas im Gottesdienst vorlesen darf, muss vorher üben. Die Namen werden Zungenbrecher: »Parthien, Medien, Elam, Mesopotamien, Judäa, Kappadozien, Pontus, Kleinasien, Phrygien, Pamphylien, Ägypten, Libyen, Zyrene, Rom, Kreta, Arabien.« Wer sich da verhaspelt, gerät schnell in ein »Gebabbel«, das an jene uralte Sprachverwirrung der Menschheit (Gen 11,9) erinnert, nach der keiner mehr den anderen verstand.

Was sich da am Morgen des Pfingsttages ereignet, ist ganz gezielt als Gegenstück dazu erzählt. »Gottes Geist«, der brausend daherkommt (Apg 2, 2), erschafft etwas Neues (Ps 104,30; Weish 1,7), breitet einen Tagesanbruch über die im Dunkel liegenden Regionen (vgl. Jes 9,1). Wer heutzutage in den Morgenstunden aus Europa ins Heilige Land fliegt, erlebt das noch viel stärker als der gemütliche Kreuzfahrer. Das Wort *Wirrsal*, mit dem der Name *Babel* wiedergegeben wird, taucht in der Übersetzung Martin Bubers gleich »im Anfang« auf. Das hebräische *Tohu-wa-bohu* formuliert er dichterisch so: »Die Erde aber war Irrsal und Wirrsal. Finsternis über Urwirbels Antlitz. Braus Gottes schwingend über dem Antlitz der Wasser.« Gewaltige Worte für ein gewaltiges Ereignis: Schöpfung aus dem Chaos.

Pfingsten erinnert uns daran. Zwar beginnt es mit der »Wirrsal«, dem unsicheren Warten eingeschüchterter, in die vier Wände zurückgezogener Jesusanhänger. Aber hat der Meister ihnen nicht vorausgesagt, sie würden bald seine »Zeugen sein in Jerusalem, in ganz Judäa und Samarien und – bis an die Grenzen der Erde« (Apg 1,8)? Haben sie vor lauter Angst außer Acht gelassen, dass ihr Versammlungsort sich auf dem Gelände befindet, das von nun an als »Zion« bezeichnet wird? Zion – von da soll einmal Gottes »Weisung und Wort« für alle Völker ausgehen. So hat es schon der Prophet Jesaja angekündigt (Jes 2,3).

An jenem Morgen werden die Apostel »als Kreuz-Fahrer gebucht«, in Gottes Geschichte eingeschrieben, bald über den Mittelmeerraum hinaus, mit einer Botschaft, die »allen Völkern sein Heil« (Ps 67) verspricht. Deren Zentrum ist das »Kreuz« Christi. Petrus (Apg 2,23-24) wie auch Paulus (1 Kor 1,23) verkünden, jeder auf seine Weise, dass Jesus, am Kreuz gestorben, von Gott nicht im Tode gelassen, sondern in einem schöpferischen Akt zum Leben »auferweckt« worden ist. Der im Sterben »seinen Geist aufgab« (Joh 19,30), zeigt sich als Lebendiger, der seinen Geist »weitergibt« (Joh 20,22), an die Jünger damals, an jeden von uns.

Die Kreuzfahrt, die damals begann, hat auch – wir wissen es – ihre dunklen Seiten. Das Wort allein kann nach dem tragischen Unternehmen der »Kreuzzüge« klingen – in unserer Zeit wurde diese Erinnerung neu belastet durch den Krieg im Irak

(Mesopotamien!). »Irrsal und Wirrsal« des menschlichen Herzens und politischer Strategien verkehren immer wieder Gottes Pläne ins Gegenteil. Die Reise durch die Geschichte ist kein Wellnessprogramm auf dem Sonnendeck. Sie kann, wie es dem Paulus geschah, zum »Schiffbruch« führen (Apg 27,27-44) und ein beharrliches Warten und Überwintern fordern (Apg 28,1-10), bis der richtige Kurs gefunden ist. Auch der Christenheit wird diese Zumutung nicht erspart.

Was aber bleibt, sind die Wellenschläge einer Revolution, die damals ausgelöst wurde. Sie fordert uns heraus, in Bewegung zu bleiben, neu die Anker zu lichten und die Fahrt zu wagen – in Gottes offene See.

Dreifaltiges Geheimnis

Allahu akbar – »Gott ist größer!«

Ist denn der »Allah« der Muslime wirklich der, den wir Christen »Gott« nennen? So fragen manche mitten in der weltpolitischen und religiösen Verunsicherung unserer Tage. Darüber nicht weiter bekümmert, gebrauchen die Christen in der Türkei und auf Malta seit jeher das Wort »Allah« als ihre Gottesanrede. In Malaysia wurde es ihnen per Gesetz untersagt, das zu tun.

Die Spur dieses Namens führt weit zurück, bis zu Abraham. Auf ihn als den »Vater« ihres Glaubens berufen sich Juden, Christen und Muslime. Ein Schwindel erregender Sprung von fast viertausend Jahren – zurück durch die ganze Glaubensgeschichte? Geht das? Tatsächlich wetterleuchtet der Wortstamm »Allah« bereits in jener semitischen Ursilbe *El*. Darin begegneten die hebräischen Patriarchen dem Einen, dem sie vertrauen und den sie anbeten konnten. Was ereignete sich, als Abraham fünfundsiebzigjährig aus Harran aufbrach? Er trat heraus aus dem Zelt und den frommen Gewohnheiten seines Vaters Terach. Zuvor hatte er, wie eine Überlieferung sagt, die selbst gemachten Mini-Götter und Hausaltärchen fortgeworfen. Er trat ins Freie, sah die Sterne am Himmel und den Sand der endlosen Wüste. Er begann, über den Horizont hinaus zu schauen. Thomas Mann schreibt, dass »Abraham seinen Gott entdeckte«. Aber das ist nur die eine, die menschliche Seite. Mehr als das spürte der Aufbrechende, dass er selbst von Gott entdeckt worden war, dass der Eine, vor dem alle Götter zu Nichtsen werden, »nach ihm geschaut« hatte. Das ist auch die Erfahrung seiner Magd Hagar. Von Abraham in die Wüste geschickt, fand sie durch den rettenden Engel einen Brunnen und nannte Gott dort *El-Roi* – »Ihn, der nach mir schaut« (Gen 16,13). Von Ismael, dem Sohn beider, leiten sich die Araber her. »Allahu akbar«, schallt es heute von den muslimischen Minaretten, und das heißt: »Allah ist größer!« Mindestens neunundneunzig Namen umschreiben sein unergründliches Geheimnis.

Ist er auch »größer« als der Gott der Juden und der Christen? Wenn der Islam bei der Gotteserfahrung Abrahams ansetzt – ist das Rückbesinnung oder Rück-Schritt? War nicht vielmehr das Volk Israel inzwischen von der Anfangserfahrung Abrahams längst weiter geschritten? In der Bibel geht

Gott mit uns Menschen einen Weg. Einen langen Lernprozess mutet er uns zu. Israel hatte seinen Gott – unter neuem Namen – als den erlebt, der sein Volk durch Meer und Wüste, durch Schuld und Leiden führt und ihm Zukunft eröffnet. Der Unbegreifliche, alles Übersteigende, bleibt nicht fern über der Welt. Er mischt sich ein – in die Geschichte wie ins Leben des Einzelnen. Übrigens: Schon wer bei Abraham und Hagar nachschaut, wird feststellen, dass diese Erfahrung von deren Gotteserlebnis nicht zu trennen ist. Gott bleibt nicht auf Distanz. Er hilft und rettet.

Der hebräische Name hierfür wird am Ende *Jeshua* sein – Jesus. In diesem Einen übertrifft Gott seine »Größe« noch einmal radikal: Indem er nämlich klein wird, schockierend »leer« (Phil 2,7), wie ein Nichts, »bis in den Tod«. Wer hätte das so zu denken gewagt! Im Sterben schreit Jesus: *Eloi, Eloi, lema sabachtani*! (Mk 15,34). Er ruft nicht nach Elija – nach El ruft er! Dieser ist im Tod Jesu gegenwärtig. Im Schrei dieses Einen ist jedes Warum, jeder Ruf des Menschen nach dem letzten Sinn enthalten. Die Verheißung an Abraham erfüllt sich hier. »Abraham sah meinen Tag«, hatte Jesus gesagt, »und jubelte« (Joh 8,56). Mit einer Formulierung, die später Mohammed zugesprochen wird: Jesus wird zum

»Siegel der Propheten«. In ihm kommt Gott auf den Punkt. In ihm erhalten wir eine Auskunft, die an Dichte und Endgültigkeit nicht mehr übertroffen werden kann. Nichts und Alles, das Geringste und das Unendliche, Mensch und Gott treffen hier in Eins, und zwar so, dass wir Gott nicht mehr nur gegenüberstehen, sondern dass sein Geist in uns atmet, dass er uns hineinnimmt in sein Geheimnis, den Strom seiner liebenden und schöpferischen Energie.

Dass wir Gott auf solch dreifache Weise erfahren – als Urvater all dessen, was ist, als »Menschensohn«, uns ganz nahe, als seine Gegenwart in uns und zwischen uns – , hat Juden und Muslime zu dem Missverständnis geführt, wir seien zu drei Göttern »zurückgefallen«. Gott als einen »dreifaltigen« zu entdecken, ist für uns Christen jedoch der äußerste Fort-Schritt in der Erkenntnis Gottes. Dabei bleibt der Eine Gott der Juden und der Muslime kein anderer als der unsere. Was jedoch immer Menschen ergründen mögen, Er wird es überbieten. Wie wir ihn auch nennen und was wir an ihm bekennen werden, Er ist immer noch größer. Allahu akbar.

Fronleichnam

Strahlkraft eines Festes

Die Strahlenmonstranz, wie wir sie kennen: Mittendrin die große weiße Hostie. Brot zum Essen. Zugleich »nicht mehr von dieser Welt«, verwandelt – »Brot vom Himmel«. Die katholische Frömmigkeit umgibt dieses Zeichen mit dem Weihrauch der Anbetung. Und am Fronleichnamstag wird das Sakrament in festlicher Prozession – unter dem »Himmel« – ins Freie getragen.

Hierzu ein radikaler Szenenwechsel ins Jahr 2001. Ein »anderes« Fronleichnam: Immer mühsamer hat sich unser Auto auf steilen Kurven in das libanesische Dorf Ballouné hinaufgekämpft, und als es die letzte, steilste Hürde genommen hat, bleibt es schnaufend vor einem mehrstöckigen Haus stehen, dessen Tür sich auch sogleich öffnet. Madame Yvonne, die Gründerin der dortigen ungewöhnlichen Initiative, bittet uns freundlich herein. Beim Betreten ihres kleinen Büros, mitten in der Etage, fällt sie sofort ins Auge: die Strahlenmonstranz – mit dem »Allerheiligsten« darin! Sehr unüblich – ein strenger Rubrizist bekäme Kreislaufprobleme.

Aber dann wird klar: Das hier ist der Ort, das Strahlungszentrum des Geheimnisses, um das es geht. Die Monstranz steht etwas erhöht in einer Ecke. Eine Kerze brennt. Ein liebevoller Blumenstrauß. Aber dann das Wichtigste: Unmittelbar von den Strahlen her, sozusagen in sie einbezogen, eine große Fläche mit lauter Fotos. Es sind die Gesichter der Kinder und Jugendlichen, die hier miteinander leben. Sie alle sind sichtlich behindert, körperlich oder geistig, meistens beides. Der Leib Christi und die »Ärmsten«, unsere hilfsbedürftigen Geschwister. Wir verstehen sofort: Das gehört zusammen – sehr konkret für die hier Verantwortlichen und ihre Freiwilligen. Mit den Behinderten leben sie in konsequenter Wohngemeinschaft zusammen. Im Schlafsaal liegen Matratzen auf der Erde. Nachts schlafen die Mitarbeitenden zwischen den Behinderten.

Dann erst fällt auf, dass von diesem »Haus« nur eine Etage wirklich schon bewohnbar ist. Das Souterrain ist leer, nur ein kleiner Wald von Betonstützen. Ein großer Schacht wartet noch auf den Einbau eines Aufzugs. Ganz oben wird es eine Terrasse geben, mit viel Platz für alle und einem faszinierenden Blick ins Weite. Und rundherum demnächst ein Park, öffentlich, auch und gerade für die

Anwohner, die mit dem Blick auf die behinderten Nachbarn leben müssen. Dürfen! Denn was hier geschieht, ist ein Geschenk des Himmels, Gnade, die berührt. Abgesehen davon, dass Madame Yvonne beim Erzählen unmerklich eine Kette kleinerer und größerer »Wunder« aneinanderreiht. Als sie vor Jahren zum ersten Mal ihre Idee entwickelte, fragte einer nachsichtig, sie »glaube wohl an den Weihnachtsmann«. Charmant und hartnäckig hat sie den Nachweis geliefert, dass sie zwar nicht an »Père Noël«, wohl aber sehr konkret an Gott glaubt.

»Fronleichnam« im Büro eines unfertigen Hauses? Ist der Gedanke wirklich so weit hergeholt? Bedarf es erst einer Reise in den Libanon, um diese Dimension des Festgeheimnisses zu entdecken? Hier wird der »Leib«, hier wird *Christi corpus* fassbar und wörtlich genommen. Mutter Teresa hat das Wort Jesu, dass er uns im geringsten und ärmsten Mitmenschen anschaut (Mt 25,40), so verstanden, danach gehandelt und sich davon verwandeln lassen. Was ihre Schwestern täglich in langer Anbetung vor dem Sanctissimum betrachten, wird hier real und greifbar. Für sie ist der Mensch im Elend selbst wie ein »Sakrament«, die Gelegenheit, Gott die Ehre und auch dem »letzten« Menschen seine Würde zu geben.

Und merkwürdig: Die jungen Behinderten dort im Libanon, im Rollstuhl oder auf ihrem Lager, scheinen selbst zu »strahlen«. Unbeholfen und in aller Begrenztheit möchten sie etwas von der Liebe zurückschenken, in der sie sich hier geborgen wissen. Nichts Depressives ist im Raum, auch nicht die beklommene Unsicherheit, die sich oft in der Konfrontation mit Behinderten einstellt. Eher die Anwesenheit des Gottesgeistes, sagen wir: seine Ermutigung zum Leben. Wie der Stützpunkt in Ballouné mit diesem unkonventionellen Fronleichnamsaltar heißt? Der Name könnte das kürzeste Gebet vor der »ausgesetzten« Monstranz sein. Er lautet: ANTA AKHI – »Du – mein Bruder«.

Herz Jesu

Operation Liebe

»Wer Herzen öffnen will, wird Chirurg – oder Priester.« So las ich es auf einem Großplakat für kirchliche Berufewerbung. Ob die Agentur, die diesen Slogan formuliert hat, gut beraten war, sei dahingestellt. Mich erinnert es jedenfalls an meine Studienzeit. Da hatten wir die Gelegenheit, die Düsseldorfer Herzklinik zu besuchen und sogar einer gerade stattfindenden Operation zuzusehen. Durch eine Glaskuppel unmittelbar über dem Geschehen sahen wir den geöffneten Brustkorb, das arbeitende Herz, eigens noch einmal per Monitor, das Team der Ärzte und Assistenten, Hände, Instrumente, Blut. Einigen von uns wurde prompt schlecht bei diesem Anblick. Spontan schauten sie weg und verzogen sich diskret. Dann doch lieber Priester ...?

Wer heute die »Herz«-Jesu-Vorstellung verständlich machen will, hat es nicht gerade leicht. Auf der einen Seite ist das menschliche Herz inzwischen zur »Pumpe« geworden, ein Stück Materie, das sich medizintechnisch behandeln lässt.

Patienten, die das betrifft, können meist sehr genau beschreiben, was da mit ihnen gemacht worden ist: Schrittmacher, Bypass, neue Herzklappe. Und das ist so schockierend funktional, dass die hehre Symbolik von früher dahinschwindet. Auf der Gegenseite landen wir im Reich der Poesiealben, wo sich immer noch »Herz« auf »Schmerz« reimt, an Bäumen, auf deren Rinde das Herz mit dem Pfeil Amors eingeritzt ist, und nicht zuletzt vor der Galerie gut gemeinter Gipsfiguren in jeder Größenordnung, die das traditionelle Herz-Jesu-Klischee reproduzieren. Was bleibt zwischen beiden Extremen von der spirituellen, visionären Art, mit der die kirchliche Tradition das Geheimnis des Herzens Jesu betrachtet hat?

Was bleibt, ist immer noch die Erkenntnis, dass das »Herz« konkurrenzlos das stärkste Symbol für das Kraftzentrum unserer menschlichen Existenz geblieben ist. Und wenn wir bekennen, dass Jesus ein »Gott mit Herz« ist, dann tritt er aus der Wolke seiner Unerreichbarkeit hervor und kommt ganz nahe und menschlich auf uns zu. Wir begegnen keinem Phantom. Wir erkennen und bekennen: Er lebt. Er liebt. Sein Herz ist offen für die ganze Welt, und die Welt findet Raum in seiner Liebe. Dass in ihm Gott einen menschlichen Körper annahm, dass er durch den Tod ins Leben auferstand, also »sein Herz für uns schlägt«, dass in ihm das »Herz des Universums« eine göttliche Liebe ausstrahlt, das alles fließt hierin zusammen. Es hilft uns, die Welt in einer neuen Perspektive zu sehen und zu bestehen. Wenn einmal alle Apparate abgeschaltet sind, wird sie uns auffangen und tragen als der Atem und Lebensrhythmus Gottes.

Meinen Dienst als Priester habe ich in einer Herz-Jesu-Kirche begonnen. Aus den Zerstörungen des Krieges hatte der Pfarrer sie mit viel Engagement wieder aufgebaut. Eine herkömmliche Herz-Jesu-Darstellung war darin nicht zu finden. Jedoch atmete die Kirche in ihrer Gesamtgestalt und in vielen Details das Wort aus dem Römerbrief (5,5), unter das der Pfarrer sie gestellt hatte: »Die Liebe Gottes ist ausgegossen in unsere Herzen durch den Heiligen Geist, den wir empfangen haben.« Das zeigt den untrennbaren, inneren Zusammenhang zwischen dem Jesus-Mysterium und unserem eigenen Leben. Jesus zeigt auf sein Herz, um unser Herz zu verwandeln. Seine Mentalität, seine Art, die Welt zu sehen, seine tatkräftige Liebe sollen uns prägen, zu unserem eigenen Wesen werden, so dass er »in uns lebt« (Gal 2,20).

Das löst eine uralte Verheißung ein. Beim Propheten Ezechiel finden wir sie (36,26): »Ich schenke euch ein neues Herz und lege einen neuen Geist in euch. Ich nehme das Herz von Stein aus eurer Brust und gebe euch ein Herz von Fleisch.« Eine göttliche Transplantation? Es kann jedenfalls bedeuten: Wo wir nur mit einigem Schaudern einen Klumpen Materie wahrnehmen, sagt uns einer, dass wir viel mehr sind als das, was wir da sehen und messen können. Unser Pulsschlag wird einmal aufhören. Doch jetzt schon bietet sich Jesus an als »Schrittmacher« in ein größeres, bleibendes Leben. Buchstäblich Schritt für Schritt geht er mit uns, um uns zu zeigen, wo er »wohnt«. Er vertraut uns sein Herzensgeheimnis an, nach dem ihn schon seine Jünger fragten, zum Beispiel wenn er aus seinen nächtlichen Gebeten wieder zu ihnen kam. »Kommt und seht!« sagt er. Da brauchen wir nicht wegzuschauen. »Ihr werdet noch mehr sehen«, sagt Jesus, »den Himmel geöffnet und den Menschensohn mittendrin.« (vgl. Joh 1,51) Das Geheimnis seiner »Offenherzigkeit« ist das Geheimnis des Himmels, das den letzten Schlag unseres Herzens überdauern wird.

Besuch Marias bei Elisabet

Zwiesprache im Licht

Verzeiht, dass ich euch belauscht habe – Elischewa aus Ein Kerem, Mirjam aus Nazaret! Es war nicht meine Absicht – wie kam es nur?

Im leicht flimmernden Licht des Mittags hatte ich mich niedergesetzt im Schatten eines Baums, an jenem Hang, der westlich von Jerusalem hinabsinkt in jene Talmulde, die seit alters her »Quelle des Weinbergs« heißt, Ein Kerem. Es war die Stunde, da sich manchmal Gott dem Menschen nähert wie einst den Zelten Abrahams unter den Terebinthen von Mamre. Alles schwieg, sogar die Vögel. Da hörte ich eure Stimmen. Ich sah dich, Elisabet, vom Brunnenrand aufstehen, ganz behutsam. Und da kamst du, Maria, leichtfüßig, wie beflügelt, daher. Welche Kraft hat dich getragen von den galiläischen Bergen zu den Hügeln Judäas?

Und dann die Umarmung von Frau zu Frau ... Doch nein – zuvor ein Innehalten. Innerlich bewegt, legtest du, Elisabet, die Hand auf das Geheimnis deines »sechsten Monats«, das Kind in dir. In der Tiefe deiner so lange unerfüllten Hoffnungen begann die Verheißung zu kreisen und zu tanzen. Und Maria? Zwei Strahlen ein und desselben Gotteswortes trafen sich signalhaft. In Sendung und Empfang, so würden wir heute technisch sagen. Aber in der alten Sprache: War nicht für dich, Maria, das Empfangen zur Sendung geworden? Der Hinweis des Engels auf das »späte Wunder« deiner Verwandten ließ dich »aufspringen«. Das griechische Wort, das Lukas hierfür gebraucht, wird später »Auferstehung« bedeuten. Und ich höre noch einst den wortgewaltigen Prediger Mario von Galli ein einziges Wort über die Köpfe seiner Zuhörer hin schmettern: »Eilends!« Ohne Zögern brachst du auf, subito.

Das Jetzt-oder-Nie des Glaubens. Du ahnst es, Elisabet. Auf deiner Freude liegt noch der Schatten der Sprachlosigkeit, die über Zacharias, deinen Mann, verhängt wurde, da er mitten im Heiligtum dem Engel misstraute. Wir wissen, dass Gott ihm die Zunge lösen wird, sobald das Kind Jochanan – »Gott ist Gnade« – geboren ist. Bis dahin steht er, der Priester, bei Gott in der Kreide und wird den Namen auf ein Täfelchen schreiben müssen. Anders Maria. »Gesegnet bist du, selig bist du!« rufst du, Elisabet, aus. »Selig, weil du geglaubt hast!« Selig aber auch du selbst für die weibliche Intuition, die dir diese Worte eingab. Im Tiefsten ist sie bewegt vom Dasein der zwei Kinder, die von euch ausgetragen und geboren werden wollen.

Hier wird Gott leibhaftig spürbar. »Noch ehe ich dich im Mutterleib formte, habe ich dich ausersehen. Noch ehe du aus dem Mutterschoß hervorkamst, habe ich dich geheiligt.« (Jer 1,5) So sagt es Gott zum jungen Jeremia, so verstehen es die Evangelisten im Blick auf Johannes und Jesus. Eine uralte Erfahrung, wie der Blick in einen tiefen Brunnen.

Aber ja – der Brunnen! Wohin bin ich geraten! Da höre ich dich, Maria, in Jubel und Dank auf Elisabet antworten. Es ist nicht von ungefähr, dass ihr euch an einem Brunnen getroffen habt. Fast scheint es, als ließest du den Schöpfeimer in die Tiefe gleiten und brächtest aus dem jahrhundertelangen Beten deines Volkes deinen Lobpreis zu Tage. Hier begegnen sich Einst und Jetzt, Gestern und Morgen. Marias Stimme verbindet sich mit dem Segenswort Elisabets in einem wunderbaren Zusammenklang, über das tiefe Tal hinweg zum Himmel hinauf schwebend, in Terzparallelen wie ein glockenreines Duett aus Sopran und Alt – und dann?

Ich schließe die Augen und öffne sie wieder. Eine leichte Brise von irgendwoher berührt mich im Licht des Mittags. Gott selbst war zu Gast im Gespräch zweier Frauen. Zunächst wie Zaungäste lässt er uns hineinhören in sein eigenes Ich und Du. Wie über dem verhallenden Gesang Marias und Elisabets, wie über dem unhörbaren Lobpreis der beiden Cherubim (Ex 25,22; 1 Kön 8,6-7) ist Seine Gegenwart mit Händen zu greifen. Was begreifen wir? Was entgleitet unserem Zugriff? Entscheidender ist es, für einen intensiven Moment von Ihm ergriffen zu sein (Lk 1,41; Phil 3,12) und diesen Augenblick nicht ins Leere gehen zu lassen. – Schalom, Mirjam und Elischewa! Mit einem Krug frischen Wassers seid ihr ins Haus gegangen. In der klaren Luft des beginnenden Nachmittags haben die Vögel wieder zu singen begonnen.

Marias Vollendung

Ein Anfang für immer

Nur ein steiles verkehrsreiches Straßenstück muss der Jerusalempilger hinabsteigen, um zwei Orte miteinander zu verbinden, die das Lebensgeheimnis Marias markieren. Zwei Extrempunkte sozusagen – »vor« allem Anfang und »nach« allem Ende.

Da ist auf der Höhe der Altstadt, innerhalb der Mauer gleich am Tor, die in ihrer Schlichtheit so eindrucksvolle Kreuzfahrerkirche Sankt Anna. Ihre Krypta erinnert an Marias Geburt. Die alte Überlieferung sagt, hier hätten ihre Eltern gewohnt, hier sei, verborgen in der großen Weltgeschichte, das Mädchen geboren worden, dessen Ja die Geschichte mehr verändert hat als die Strategien der Mächtigen (s. Lk 1,52). Tief unten aber, wo die Straße fast die Talsohle des Kidron erreicht, ist der Pilger eingeladen, aus dem raschen Verkehr herauszutreten und sich in einen Abgrund hinab zu wagen. Schwarz umfängt ihn das Portal der Kirche, die das Grab Marias bewahrt. Das Auge braucht einige Zeit, um sich beim Abstieg in das Dunkel hineinzutasten.

Dies ist nicht der Augenblick, um darüber zu streiten, welchen historischen, biografischen Kern die alten Geschichten bergen – wir nennen sie »apokryph« – und wie es um die Tradition steht, die Marias letzte Lebenszeit auf den Bergen von Ephesus in der Westtürkei vermutet. Der Spürsinn des Glaubens wagt, gerade wo es um die tiefere Symbolik von Ereignissen geht, seine eigenen Ortsbestimmungen.

Die orthodoxe Marienkirche im Kidrontal befindet sich gerade ein paar Schritte vom Garten Getsemani, dem Ort der Todesangst Christi, entfernt. Wie dieser erinnert sie an einen Abstieg in die äußerste Abgründigkeit unserer menschlichen Existenz. Spätere Maler werden lyrisch und leuchtend darstellen, wie die Apostel hier ein leeres Grab umstehen, aus dem Rosen einen himmlischen Duft verströmen. Staunend schauen sie nach oben, und so feiern wir die »Himmelfahrt« Marias. Aber es ist wichtig, dies »von ganz unten« her zu denken. Maria nahm ganz und gar teil am »Abstieg« ihres Sohnes, bis sie dort ankam, wo sie ihm sichtbar »gleichförmig« wurde: im Tod. Die Künstler aller Epochen haben es – als »Pietà« – meditiert und gestaltet. Wenn zu erklären ist, warum ausgerechnet dieses eine Menschenkind vom ersten Augenblick seines Existierens aus der Urschuld der Menschheit herausgenommen worden sei, begründet dies eine spröde dogmatische Formulierung mit dem »Hinblick auf die späteren Verdienste des Kreuzestodes«. Das ist keine abstrakte Logik: Maria hat Kreuzweg und Sterben selbst durchlitten.

Ähnlich sperrig, für viele missverständlich ist die Rede von der »Unbefleckten Empfängnis« und der »Himmelfahrt« Marias. Wäre es nicht schlichter und zugänglicher, am Beginn von Marias »Erwählung« und über ihr Ende hinaus von ihrer »Vollendung« zu sprechen? Dabei wird gerade dem Jerusalempilger bewusst, wie nahe beides beieinander liegt, zuinnerst zusammenhängt. »Aufgenommen in den Himmel« – beginnt das nicht schon da, wo Gott dieses Menschenleben sich vom Augenblick an so vorbehält, dass es aus seiner »himmlischen« Dimension gar nicht mehr herausgeraten kann? »Schau, dein Himmel ist in mir.« (Angelus Silesius) Das Wunder besteht darin, dass Maria dabei keineswegs weltfremd, weltfern durchs Dasein schwebte, sondern – »wunderbar geborgen« – fähig war, auf steinigem, alltäglichem Boden diese Welt anzunehmen und bis in die äußerste Stunde des Leidens hinein zu durchschreiten. Das hat sie – »mit Leib und Seele« – zu ewiger Vollendung reifen lassen.

Am Tiefpunkt des Mariengrabes angekommen, entzündet der Pilger eine Kerze. Nachdenklich wendet er sich zum Weg zurück. Dabei entdeckt er erst, wie weit er nun hinaufsteigen muss. Weit oben wartet ein Portal voller Licht. Dieses Licht fließt spiegelnd herab auf die steinernen Stufen. Wie auf jener Himmelsleiter, die der junge Jakob im Traum sah, »eine Treppe, die auf der Erde stand und bis zum Himmel reichte« (Gen 28,12). Von ganz unten nach ganz oben zu steigen, bedeutet hier nicht nur, in die Welt des Verkehrslärms und der aufdringlichen Händler zurückzukehren. In Jerusalem wird es zur Heimkehr. Auf der Höhe am Stadttor tritt der Pilger noch einmal in die Annakirche ein. Vielleicht fängt er nun zu singen an. Magnificat. Und da: Dieser Raum hat einen scheinbar endlosen Nachhall. Die einzelne Stimme, sich in immer weitere Akkorde hineinwagend, wird gleichsam zum Chor. Er klingt weiter, wenn der Singende schon aufgehört hat. Das Lied des Augenblicks – aufgenommen in den Himmel.

Kreuzerhöhung

Gottes Zeichen über der Welt

Golden funkelt das Kreuz auf der dunkelgrauen Golgota-Kuppel weit über das Dächergewirr der Jerusalemer Altstadt. Viereinhalb Meter hoch, aus Onyx und vielen Berg- und Bleiglaskristallen gestaltet, von innen beleuchtbar, wurde es rechtzeitig zu einem neuen Jahrtausend dort oben montiert. Für die Ausführenden war das eine zugleich technische und alpine Meisterleistung. »Kreuzerhöhung« – ein Geschehen, das es in sich hat.

Die erste Kreuzerhöhung fand statt in der »sechsten Stunde« jenes Freitags, als der verurteilte Jesus am Balken hochgehievt wurde. Das Johannesevangelium umschreibt diesen schmachvollen Vorgang als »Erhöhung« (Joh 3,14; 12,32-34). Was die Augenzeugen sahen, war ein elendes Ende. Mit dem Blick des Glaubens gesehen, war es der Durchbruch in eine neue Zeit.

Das schien sich zu bestätigen, als Kaiser Konstantin im 4. Jahrhundert das Kreuz als zukunftsfähiges Programm entdeckte. Seine Mutter Helena hatte seine volle Unterstützung, als sie am 14. September 320 Balkenreste, nahe dem Golgotafelsen »aufgefunden«, als das Kreuz Christi identifizierte. Fünf Jahre später, zum selben Datum, wurde diese kostbarste aller Reliquien in der neuen Anastasis-Kirche öffentlich aufgestellt – der Ursprung des Festes »Kreuzerhöhung«.

Hierüber legt sich eine weitere Schicht. Bei der Einnahme Jerusalems durch die Perser im Jahre 614 fiel die Kreuzreliquie in deren Hände. Am 3. Mai 628 gewann der byzantinische Kaiser Herakleios sie zurück und richtete das Kreuz in Jerusalem wieder auf. Zwischen beiden Ereignissen liegt das Jahr 622. Für die Muslime beginnt da ihre Zeitrechnung. Das geschichtlich greifbare Ereignis des Jahres 622 ist zwar zunächst der Sieg des Herakleios über das persische Herrscherhaus. Mit dem sich entwickelnden Islam verbreitete sich jedoch auch die Auffassung, dass Jesus in Wirklichkeit gar nicht am Kreuz gestorben sei.

Das trifft die Herzmitte des christlichen Glaubens. Während es in Pakistan wieder lebensgefährlich geworden ist, Jesus als »Sohn Gottes« zu bezeichnen, geht die Eliminierung seines Todes am Kreuz nicht weniger an die Substanz. Das ist nicht nur Glaubenssache der Christen. Es ist eine Schlüsselfrage für das Bewusstsein der ganzen Menschheit. Denn nicht das Kreuz ist tödlich, sondern der Versuch, es zu leugnen. Wie es verhängnisvoll ist, den Holocaust von Millionen zu bestreiten, so verletzt schon die Ignorierung jedes einzelnen Geopferten die Würde des Menschen.

Eben das ist die Botschaft des Kreuzes, an dem jener Eine »für alle« starb: Von Gott her gibt es auch unter Milliarden Menschen keine Namenlosen, keinen nur als Nummer, die ihm eingebrannt oder irgendwo gespeichert wird. Gott selbst hat jeden »beim Namen gerufen« (Jes 43,1) und »eingezeichnet in seine Hände« (Jes 49,16). Dafür ist das Kreuz Jesu im Bewusstsein der Menschheit aufgerichtet worden, als Mahnmal für jedes noch so verborgene Leiden und scheinbar sinnlose Sterben. Zugleich wird es zum Hoffnungszeichen wie schon jene kupferne Schlange, die Mose in der Wüste auf einer Stange befestigte (Num 21,8 f.). Mit ihr vergleicht Jesus seine eigene Erhöhung am Kreuz (Joh 3,14). Beide Male bestand die Rettung darin, nicht wegzusehen, sondern bewusst hinzuschauen (Joh 19,37). Nur die Benennung der Not, die Offenlegung der menschlichen Erbärmlichkeit befreit dazu, Gottes Erbarmen wahr- und anzunehmen. Misere wird Misericordia. Ein solches Hinsehen bedeutet nicht Hinnehmen oder gar »Verherrlichung«

des Leidens an sich. Es erlaubt kein Alibi, keine Ausrede, passiv zu bleiben. Es fordert zum Einspruch und zum Handeln heraus, damit die Welt nicht bleibt, wie sie ist. Gerade weil es an unseren vielen Wänden hängt, dürfen wir uns nie an das Kreuz gewöhnen und darüber gedankenlos werden.

Noch viele weitere Schichten tun sich auf über dieser Geschichte. 1187 ging ein Teil der Reliquie verloren. Bis heute kommt das Kreuz immer wieder abhanden. Immer wieder auch wird die Kreuzerhöhung zur Kreuzverhöhung. Immer neu aber meldet sich, der am Kreuz starb, zu Wort, bis einmal der dunkle Himmel der Endzeit aufreißt und »das Zeichen des Menschensohnes« (Mt 24,30) für alle erscheint, aufleuchtend »wie ein Blitz von Ost nach West« (Mt 24,27). Kreuzerhöhung universal.

Erntedank

Erntedank mit leerem Magen?

Jesus im Zwielicht: Kann er denn wirklich die Hungernden als »selig« bezeichnen? (Lk 6,21) Ist es Ironie, wenn er seine Jünger daran hindert, die vielen Leute fortzuschicken, und stattdessen sagt: »Gebt *ihr* ihnen zu essen!« (Lk 9,13), noch dazu mit dem Blick auf einen kleinen Jungen, der ja seine fünf Brote und zwei Fische (Joh 6,9) hergeben könnte? Ist es nicht leichtfertig, auf ein allumfassendes »Wunder« zu warten?

Ein solch - zugegebenermaßen - unfrommer Zwischenruf stellt sich ein, wenn sich auf dem Hintergrund der biblischen Geschichte die schwarze Wolkenwand des Hungers auftürmt, wie er heute seine Opfer fordert. 923 Millionen auf der Welt hungern! 18 000 Kleinkinder verhungern täglich. Dagegen mag das Szenarium am See Gennesaret wie eine Idylle erscheinen, wie ein Massenpicknick mit einem überraschenden Happyend. In der gastfreundlichen Heimat Jesu wäre das Problem letztlich irgendwie gelöst worden, und jede Kirchentagsleitung bekommt mit routinierter Fast-food-Logistik die Teilnehmenden satt, auch wenn es statt fünftausend zehn Mal so viele sind.

Die Statistiken des Hungers sind ein entsetzlicher Albtraum. Die Hilferufe reißen nicht ab. Die Bilder sind schrecklich. Käthe Kollwitz hat eine berühmte Zeichnung von hungernden Kindern angefertigt: große Augen, offene Münder, dünne Ärmchen, leere Essnäpfe. Das Bild ist geradezu ästhetisch gegenüber den Fotos, die uns heute erreichen: Hier wird der Mensch zum Gespenst – er vegetiert, um zu verenden.

Da verursachen immer neue Spendenaufrufe ein Gefühl von Ohnmacht. Und die Weltwirtschaftskrise, wie ein Tsunami drohend, irritiert, auch wenn die Flutwelle uns noch nicht mit allen Auswirkungen erreicht hat. Immerhin sind zeitgleich in armen Ländern die Preise für Grundnahrungsmittel in die Höhe geschnellt. Da wirkt es peinlich, wenn noch einmal moralisiert wird über Wohlstandsgesellschaft und Übergewicht, über weggeworfene Pausenbrote und verstopfte Müllcontainer. Auch die zunächst nachvollziehbare Forderung einer Diskussionsteilnehmerin, man sollte über Kriegsgebieten statt Bomben – für die Millionen, die diese kosten – Nahrungsmittel abwerfen, wird im zweiten Gedanken haarsträubend: Was helfen Vitamine auf vermintem Gelände, noch dazu, wenn sie den Ausgehungerten nicht unbedingt gut bekommen? Zynisch wird es, die Überbevölkerung zur Ursache für den Hunger zu erklären. Die Erde hätte – noch – Nahrung für alle. In den 1970er Jahren sang Udo Jürgens: »Ich glaube: Diese Welt müsste groß genug, weit genug, reich genug für uns alle sein.« Das stimmt immer noch. 2009 sagt es kurz und bündig der Papst: »Es gibt genug Platz für alle auf dieser unserer Erde« (Enzyklik Caritas in veritate 49).

Und Benedikt XVI. unterstreicht eindringlich: Bloße Deklarationen werden zum blanken Hohn, wenn aus der Einsicht nicht Konsequenzen folgen. Das gilt vor allem für die Ebene von Politik und Wirtschaft. Ein Feld komplizierter Zusammenhänge, natürlich. Umso mehr ein Anlass für Christen, hier einzusteigen, Knowhow, Intellekt, Überzeugungskraft, die eigene Stimme und auch den eigenen Ruf in den Dienst der Hungernden zu stellen. Ein Politiker, der diese Perspektive nicht hat, ist fehl am Platz. Wenn heute etwas »global« sein muss, dann die Überwindung des Hungers. Die wirkt wie der Kampf gegen ein übermächtiges Gespenst, das größer und größer wird. Jesus wollte mit seinen Provokationen sagen, dass auch ein

»Dämon« besiegbar ist. Wo das gelingt, und sei es mühsam, Schritt für Schritt, »ist das Reich Gottes gekommen« (Mt 12,28), wird die Erde zur Welt der Menschen.

Dann ist und bleibt es auch erlaubt, in unseren Breiten Erntedank zu feiern. »Ich glaube«, hat Udo Jürgens damals sein Chanson fortgesetzt, »dieses Leben ist schön genug, bunt genug, Grund genug, sich daran zu erfreun.« Die farbenprächtigen Arrangements, die wir aus diesem Anlass in unseren Kirchen aufbauen, zeigen das. Aber: Wie sich inzwischen in unseren Läden Früchte präsentieren, die uns früher noch exotisch und weit weg vorkamen, so sitzen an unseren Tischen unsichtbar auch die Hungernden der Welt. »Gebt ihr ihnen zu essen!« sagt Jesus, nun in einer ganz anderen, »globalen« Dimension. Sehr gelobt wird in unseren Städten die Initiative der »Tafeln«, bei der nicht verbrauchte Nahrungsmittel an Arme weitergegeben werden. Das ist zwar vorerst ein verräterischer Hinweis auf den »Überfluss«, der uns umgibt. Dennoch könnte eine Vision daraus werden: eine Menschheit, in der für *alle* der Tisch gedeckt ist.

Engel

Signale zwischen Gott und Mensch

Du«, soll früher einmal ein kleines Mädchen über seine Bettdecke hinweg gesagt haben, »kannst du dieses Geflatter nicht nach Hause schicken? Ich möchte jetzt schlafen.« Das sagte es zur Oma, die ihm gerade das Lied von den »vierzehn Englein« sang, die sich »abends, wenn ich schlafen geh'« versammeln. »Kann ein Kind so sarkastisch sein?«, fragen wir unwillkürlich. »Kann denn der Vatikan so hartherzig sein?«, fragten viele irritiert, als vor einiger Zeit Meldungen kursierten, die Engel seien jetzt durch ein offizielles Dokument in den Ruhestand geschickt. Dazu gab es prompt beschwichtigende Dementis. Aber was ist denn nun mit dem Thema, das völlig gegen den »coolen« Trend eines aufgeklärten Weltgefühls den Büchermarkt, die Reklame, die Fantasie zu besetzen vermochte?

Lassen wir uns vom Stichwort selbst an die Hand nehmen. Engel – *angelos*, das kommt aus dem Griechischen und heißt: ein Bote, einer, der ausgesandt ist. Und wer »sendet?« Da wird die Auskunft ganz einfach: Kein anderer als Gott, der so unfassbar, abgründig, oft fern und dunkel scheint. Eben dieser Gott »greift« nach dem Menschen, den er sucht und liebt. Der Mensch wiederum »greift« nach ihm, den er nie auch nur annähernd begreifen wird. Und genau da, wo der Wellenschlag des Unendlichen und der flüchtige Sandstrand unseres Daseins sich berühren, nehmen wir den »Engel« wahr. Er steht an der Schwelle zwischen Paradies und schweißgetränkter Ackerscholle (Gen 3,2). Er ist der »Saum des Gewandes« (Jes 6,1; Mt 9, 20-21), das uns zuweilen streift oder das wir erhaschen möchten. Zu einfach? Natürlich haben die Erfahrungen, in denen das geschieht, unzählige Facetten. Der Blick durchs Schlüsselloch in eine Wirklichkeit, die über uns hinaus liegt, ist ein Kaleidoskop mit vielen bunten Steinen. Das Phänomen der Engel hat viele Schichten und Dimensionen.

Das kann ganz menschlich anfangen. Der Beduine, der dem erschöpften Elija Wasser bringt (1 Kön 19,5-7) – an dieser Todesgrenze ist er der Engel für ihn. Der Wegbegleiter des jungen Tobias stellt sich zum Schluss sogar als »Erzengel« heraus (Tob 12). Biblische Beispiele – in der Lebensgeschichte vieler Menschen haben sie ihre Entsprechung. Einer kann für den anderen zum Engel werden. Auch in Ereignissen, in Symbolen, in unerklärlichen Phänomenen und in Träumen kann Gott den Menschen berühren. Josef aus Nazaret (Mt 1,20; 2,13.19) erlebt es sehr konkret, wie da Einer in seine Entscheidungen eingreift. Die Literatur, heute zu solchen Erfahrungen veröffentlicht, ist inzwischen unübersehbar.

Doch einmal aus sich herausgefordert, gibt sich das menschliche Fragen damit nicht zufrieden. Da erleben wir, wie die Gottheiten Ägyptens, Babylons und Griechenlands »aus allen Wolken fallen«. Vor Gott wurden sie zu Götzen – oder zu Engeln, dem Einen untergeordnet, dienend, relativ. Die Gestirngötter wurden »Lampen« (Gen 1,16-17). Der oberste Lichtgott Marduk wich dem Erzengel Michael, dessen Wesen und Name die einzig entscheidende Frage ist: »Wer ist wie Gott?« Die Theologen des Mittelalters schienen ganz viel über die Engel zu wissen. Ihr Drang nach Systematik teilte die geheimnisvollen Wesenheiten in Schlachtordnungen, Chöre und Hierarchien auf. Über ein so geballtes Wissen stellt sich Verwunderung ein. »Sag mir, Engel Gottes«, fragte der heilige Franziskus, »wie ist dein Name?« »Was fragst du mich nach meinem Namen?« erwiderte jener. »Er ist wunderbar (miracoloso)!«

Weiter möchte die menschliche Neugier wissen: Haben Engel Flügel? Wie viele Engel haben Platz auf einer Nadelspitze? Und vor allem: Können Engel singen? Da ufern Fantasie und Scharfsinn mächtig aus. Was bleibt? Ein Gott, der »auf Sendung« ist (»angelos«!), Er sucht so lange, bis er unsere Wellenlänge gefunden hat, damit wir seine »message« fassen und verstehen können. Und wir? Sind wir »auf Empfang« eingestellt für den Engel, der zu uns unterwegs ist?

Weil wir so vergesslich sind, läutet täglich drei Mal von unseren Kirchtürmen der »Angelus«, mechanisch. Wie ein überhörter Engel schwebt der Glockenton über den Verkehrslärm der Stadt. Gottes Ruf jedoch kommt nicht aus Zeituhr und Automatismus. Er existiert nicht bloß virtuell und setzt nicht auf Simulation. Was er sagt, meint er wirklich und wirksam (Jes 55,11-12; Lk 1,37). Seine Engel sagen es uns.

Rosenkranz

Fünfzig Perlen rund um die Erde

Einen wunderschönen Strauß aus fünfzig roten Rosen hat ein Ehemann seiner Frau zur Goldenen Hochzeit geschenkt. Während sie nun Staub wischt nach dem großen Festtag, spürt sie den intensiven Duft und schaut immer wieder hin: Da stehen die kostbaren Blumen mitten im Wohnzimmer, und es kommt ihr vor, als flüsterte jede einzelne ein leises »Weißt du noch ...?« Sie erinnert sich, wie seiner Zeit der junge Mann, entschlossen, sie zu erobern, täglich einen Gruß sandte, der verschlüsselt oder offen auf das Eine hinauslief: »Ich liebe dich« und die Frage »Liebst du mich auch?« Heute würde der Verliebte eine SMS von irgendwo unterwegs schicken, damals waren es kurze handschriftliche Signale auf einem Stück Papier.

Auf die Liebeserklärung an Gott, das Beten, übertragen, hat die Abneigung gegen ein dauerndes Dahersagen des Gleichen besonders eine Praxis getroffen, die ganz und gar daraus lebt: den »Rosenkranz«. Wer das so empfindet, ist durchaus nicht in schlechter Gesellschaft. Der frühere Bischof von

Innsbruck, Reinhold Stecher, 1921 geboren und in Tirol aufgewachsen, gibt zu Beginn einer kleinen Betrachtung freimütig zu, dass er von seiner Kindheit her zu den »Rosenkranz-Distanzierten« gehörte, und schildert auch konkret und erfrischend, warum. Dann aber legt er behutsam eine Spur zu eben dieser Gebetsweise, wie sie ihm sein späteres Leben erschloss. Massive Grenzerfahrungen: »das Schweigen der Einzelhaftzelle, gelegentliches Schlüsselrasseln und das winzige Gitterfenster hoch oben – und an frommer Einrichtung nur die zehn Finger«. Und dann: die Stille »der Postenstände im Schützengraben in der Mitternachtssonne«. Ebenso »eine Stunde im Krankenbett, wenn der Schlaf nicht kommen will«. Dann aber auch ganz und gar wohltuende Erfahrungen mitten im Alltäglichen, die durchweg mit schweigender und schauender Achtsamkeit beginnen, sei es in einem Gang durch die Natur oder am Fensterplatz des dahinrasenden Intercity. Das rettende »Ich liebe dich«, das uns leben lässt, können wir Gott gegenüber nicht oft genug sagen. Nur von diesem Kern her wird eine »Wiederbelebung«, ein Entdecken des Rosenkranzes möglich.

Versuche dazu gab und gibt es unterschiedliche. Aus der Erfahrung einer bedrängenden Zeit in der

Mitte des vergangenen Jahrhunderts entwickelte Ludwig Wolker, der Jugendpräses, den »Altenberger Rosenkranz«. Dieser umfasst die traditionellen fünfzehn »Gesätze« mit jeweils nur einem Ave Maria in einem einzigen Durchlauf – ein Tipp für das alltägliche Gebet »mittendrin«, wobei allerdings das Grundelement des Wiederholens wegfällt. Die Pfadfinder haben alternativ zur Perlenkette einen kleinen Ring entwickelt, an dessen Zacken sich das Beten entlangtastet. Exotischer wirken zeitgenössische Offerten: Als »absolute Neuigkeit auf dem Devotionalienmarkt« – polnischer Herkunft – wurde ein Rosenkranz in Form einer Bankomatkarte beworben. Spanischer Herkunft ist die Idee, per Homepage den Plan der Madrider U-Bahn zum »virtuellen« Rosenkranzgebet umzufunktionieren.

Doch es bleibt dabei: Ob jemand für sich persönlich oder eine Gruppe miteinander die alte Gebetsweise in ihre heutige Spiritualität einbezieht, hängt davon ab, ob aus »Meditationstechnik«, dem Trainigsparcours der Finger, die Grundhaltung der Liebe wächst – oder umgekehrt: welche Form die Liebe findet, in Gottes Gegenwart zu verweilen. Daraus ergeben sich fast wie von selbst Weiterentwicklungen des »klassischen« Programms »Menschwerdung – Passion – Vollendung«. Schon das bisherige Gotteslob (33, 6) skizziert – eschatologisch – fünf »trostreiche Geheimnisse«. Papst Johannes Paul II. hat 2002 den Blick auf fünf »lichtreiche« Geheimnisse im Leben und Wirken Jesu gerichtet.

Vom Zentrum des Evangeliums her kann dann das Beten zur aktuellen und weltweiten Fürbitte werden, letztlich zu einer Perlenkette der Friedenssehnsucht aller Menschen. Der »Rosenkranzmonat« Oktober ist zugleich der »Monat der Weltmission«. Hierzu hat schon länger missio München einen Rosenkranz in den fünf Farben der Kontinente gestaltet. Das Kindermissionswerk »Die Sternsinger« hat die Idee aufgegriffen und jedem Ave Maria ein bestimmtes Land zugeordnet. So gleitet unversehens nicht nur das eigene Leben, sondern die ganze Welt durch die Finger des Betenden. Die »kleine« Therese von Lisieux, in den Mauern des Karmel zugleich »Patronin der Weltmission« geworden, ist bekannt für ihr Wort, sie werde vom Himmel her »Rosen auf die Erde regnen lassen«. Eine Liebeserklärung an Gott – und an die Welt ebenso.

Allerheiligen

Trefferquote der Seligkeit?

»Pater Pio hat es geschafft!« Das war der Tenor der Berichte über »die größte Heiligsprechung aller Zeiten«. Von Hunderttausenden quoll der Petersplatz nach allen Richtungen über. Papst Johannes Paul II., der Pater Pio heiligsprach und mit fast 500 Heilig- und annähernd 1300 Seligsprechungen alle Rekorde gebrochen hat, war selbst schon bei seinem Begräbnis vom »Santo subito!«-Ruf umgeben.

Da stellt sich selbst bei begeisterten Katholiken die Skepsis ein: Ist das nicht »inflationär«? Und mehr noch die kritische Nachfrage: Wie kommt eigentlich jemand zu der nötigen Lobby, um solchen Ruhm zu erreichen? Und wer entscheidet über die Auswahl? Vor allem auch: Wer kommt *nicht* auf den entsprechenden Listenplatz? Was ist zum Beispiel mit Mary Ward (1585–1645), jener dynamischen, zukunftsweisenden Frau? War sie zu unbequem? Sprengt sie den Katalog der Kriterien? Und Hildegard von Bingen (1098–1179)? Ihre Wertschätzung hat inzwischen sogar die Esoterik und den Wellnessbereich erobert – aber formell heiliggesprochen wurde sie nie. Und weiter gefragt: Wäre nicht auch nachzudenken über einen Mann wie Jan Hus (1370–1415), der – bei Bruch des freien Geleites – als Ketzer verbrannt wurde? Jeanne d'Arc (1412–1431) immerhin fand den Weg vom Scheiterhaufen in die Verherrlichung. 1456 wurde sie rehabilitiert, heiliggesprochen erst 1920. Allerhand Ungereimtheiten, die stutzig machen. Und der ökumenische Aspekt des Themas? Da leuchten schon längst jene eindrucksvollen protestantischen Persönlichkeiten auf, die aufrecht ihren Glauben bezeugten und für ihn starben.

Und dann die Beobachtung, dass das gläubige Volk sich – dem Herzen nach – für seine ganz eigenen Vorlieben entscheidet. Wie kommt es zum Beispiel, dass Antonius von Padua seinen Ordensvater Franziskus an Beliebtheit sichtlich überrundet? Die berechtigte Vermutung stellt sich ein, dass wohl alle Christen auch noch ganz privat, manchmal schon am Rand des Grabes und dann später mit Foto und Kerze im Wohnzimmer, Menschen »heilig sprechen«, die ihnen im Leben nahe waren und über den Tod hinaus kostbar bleiben.

Um das rein Private geht es jedoch bei einer römischen Deklaration gerade nicht. Es geht um Veröffentlichung. Ein von Gott ergriffener Mensch hat über seinen Wirkungskreis eine allgemeine Aufmerksamkeit »verdient«. Und wenn das Gedenken an ihn zu schwinden droht, spricht der Papst ihm die gerechte Bedeutung zu, richtet er höchstpersönlich den Scheinwerferkegel auf diesen einen Menschen. Wir brauchen das. Wir neigen zur Vergesslichkeit. Das Tempo unserer modernen Geschichtserfahrung steigert diese noch. Da erweisen sich die unentwegten Selig- und Heiligsprechungen, die Johannes Paul II. vornahm, keineswegs als spezielles Hobby oder gar zwanghafter Drang dieses Papstes, sondern als beharrlicher Kraftakt gegen das Vergessen. Mehr noch: Gegen die Überflutungskatastrophe negativer, entmutigender, destruktiver Tagesmeldungen, die auf ihre Weise »inflationär« sind, baute ein zuletzt alt und gebrechlich gewordener Mann einen Damm, auf dem wir am Chaos entlanggehen können. Immer neu machte er es öffentlich: Aus dem Glauben zu leben, *ist* möglich. Liebe ist möglich. Frieden ist möglich. Gegen alles Scheitern steht das Gelingen.

Das berührt einen besonders bewegenden Punkt des christlichen Zeugnisses. Im Blick auf das 20. Jahrhundert, dessen Zeitzeuge er selbst ist, hat der Papst immer wieder gesagt: »Die Märtyrer kommen wieder.« Andrea Riccardi – als Historiker – hat es in einer umfangreichen Dokumentation belegt: Das 20. Jahrhundert war in einem bisher noch nie da gewesenen Ausmaß eine Zeit der Märtyrer, und diese ist im neuen »Millenium« nicht zu Ende. Aber ist nicht der Blick auf diese Unzahl Gequälter und Gemordeter erst recht ein Grund zu verzweifeln? Wird der Mensch immer grausamer? Wird die Bereitschaft zum Opfer nicht immer absurder, sinnloser? Verzweifeln? Das eben nicht. Genau das hieße das Vermächtnis der Märtyrer preisgeben. Sie öffentlich heiligzusprechen – was sie ja nach urchristlicher Überzeugung durch ihr Sterben längst schon sind –, heißt sie dem Gedächtnis der Menschheit für immer einzuprägen. Es heißt: vor dem dunklen, bedrohlichen Horizont aktueller Schrecken – Ostern zu feiern. Dieses Licht sollten wir nicht unbedacht ausschalten. Wir brauchen es, um weitergehen zu können.

Allerseelen

Sternenstaub und Sandspuren

So viele ...«, sagte mein afrikanischer Mitbruder, Père Hamaouzo, ganz leise, und ich nahm wahr, dass ihm die Augen feucht wurden. »So viele Tote!« Auf der Fahrt ins belgische Kloster Val Dieu (»Gottestal«!) hatte ich kurz mein Auto angehalten beim amerikanischen Soldatenfriedhof Henri-Chapelle. Mit jedem Schritt tauchten aus der grünen Rasenfläche weitere Kreuze auf. Und jedes Mal: ein Name und die Jahreszahl eines – zu kurzen – Lebens.

Warum war mein Gast so betroffen? Hatte er mich doch selbst vor einiger Zeit, in seinem Heimatland Benin, an den Strand von Ouida geführt. Da weist ein großes »Tor ohne Wiederkehr« in die offene See hinaus. Es erinnert stumm an Tausende von Sklaven, die dort von den portugiesischen Kolonialherren verladen und nach Brasilien abtransportiert wurden. Warum also Tränen in Henri-Chapelle? 7992 Soldaten sind dort beigesetzt. Die Zahl ihrer Schicksalsgenossen geht ins Unermessliche.

Wenn wir zum November »aller Seelen« überhaupt gedenken, lähmt deren Zahl jedes Vorstellungsvermögen. Dass tatsächlich alle Toten Raum haben sollen in Gottes Gedächtnis, eingeschrieben sein sollen ins »Buch des Lebens« (Offb 20,12) – unvorstellbar! Sorgfältig werden auf den Soldatenfriedhöfen die Verzeichnisse verwahrt – aber wie weit reicht unser Gedenken? Selbst der Computer signalisiert irgendwann, dass »die Speicherkapazität erschöpft« ist. Begrenzt wie unser Leben ist unsere Fähigkeit, wirklich alle, die »in der Ewigkeit sind«, zu »behalten«. Unsere Liebe wählt aus. Unsere Aufmerksamkeit ist punktuell. Da geht eine Mutter suchend zwischen den vielen Kreuzen dahin, um das *eine* Grab ihres gefallenen Sohnes aufzuspüren. Da stehen Kreuze an der Landstraße – auf einem stand neulich noch »Tanja«. Dreihundert Tote meldete die Tagesschau nach einem Flugzeugabsturz, und dann im Nachsatz: »Darunter befanden sich drei Deutsche.« 290 Särge standen am Karfreitag 2009 auf dem großen Platz in L'Aquila, darin die Opfer des entsetzlichen Erdbebens. »Wenn ein Verwandter von mir darunter gewesen wäre«, sagte mir jemand, »hätte ich das nicht zugelassen, sondern ihn in aller Stille beerdigt.«

»Doch wir, wo wir fühlen, verflüchtigen«, sagt Rainer Maria Rilke. Verflüchtigt sich auch unser Zutrauen zu dem, was »nach« dem Tode noch sein könnte? Dazu gibt es unterschiedliche Kultivierungsversuche: hier liebevoll gepflegte Grabstätten, neuerdings auch Kirchen und Kolumbarien für die Beisetzung von Urnen, dort den Wunsch, anonym zu vergehen, unter Rasenfläche oder Baum, im Meer versenkt oder in den Bergen verstreut. Wie ist es mit unserem Zutrauen zu einer alles umfassenden, letzten Wirklichkeit, in der keiner verlorengeht, zu einem Gott, der immer schon für uns da war, in dessen Gegenwart wir aber sterbend vollends erwachen werden?

Mich überraschte die Einladung zu einem Besinnungswochenende. Sein Thema: »Wir sind Sternenstaub«. Ganz unbeabsichtigt verbindet dieses Wort von Ernesto Cardenal beides: dass wir »Staub sind« (Gen 3,19), aber auch, dass wir zu Abrahams Verheißung gehören, »zahlreich wie die Sterne am Himmel und der Sand am Meeresstrand« (Gen 12, 3; 22,17-18), auf unserem winzigen Planeten Erde einbezogen in den Kosmos unermesslicher Welten, mehr noch: in Gottes unerschöpfliches Leben. Wenn uns an einem offenen Grab ein wenig Sand von der Schaufel gleitet, steht doch über uns das unermessliche Firmament, an dem Sterne in Scharen auf uns warten, Signale für Gottes Zusage, dass er nicht unseren Tod, sondern unser Leben will. Das fasst nur, »wer den Staub auf der Erde zählen kann« (Gen 13,16). Für uns »Staubgeborene« unmöglich. Die Bibel aber schildert uns einen Gott mit unbegrenztem »Speichervermögen«. Unfassbar für uns, umfasst er uns alle.

Eins der Bücher von Antoine de Saint-Exupéry heißt *Vol de nuit* (Nachtflug). Die deutsche Ausgabe des Titels lautet: »Wind, Sand und Sterne.« Sterne: Kaum einer sieht sie so nahe und klar wie einer, der sich im Flug unter dem nächtlichen Himmel dahinbewegt. Sand: In irgendeiner Wüste hat sich die Spur des Dichters verloren. Und der Wind? Er ist zum Bild des göttlichen Atems geworden, aber auch der Kraft, die unser Leben wie auf einem Nachtflug zwischen Sand und Sternen dahinträgt, bis über dem leicht gewölbten Horizont der Morgen heraufzieht.

Sankt Martin

Zum Beispiel dieser Eine

Vor den Toren der nordfranzösischen Stadt Amiens soll der junge Soldat Martin seinen Mantel mit dem Bettler geteilt haben. Unweit vom legendären »Tatort« der berühmten Szene steht heute die gotische Kathedrale. Darin war nach einem Papstbesuch ein Mantel ganz anderer Art zu sehen. Französische Katholiken hatten für den hohen Besucher aus Rom ein Geschenk im Super-XXL-Format geschaffen: einen Umhang aus vielen bunten Flicken, auf denen sie zum Ausdruck brachten, was sie als Christen bewegte.

Bunt und bewegt war Martins Leben wahrhaftig. Der rasche Augenblick, in dem er zum Schwert griff, um aus seinem Mantel zwei Hälften zu machen, ist wie eine Blitzlichtaufnahme stehen geblieben und zur zeitlosen »Ikone« geworden. Unübersehbar oft reproduziert, wird sie immer wieder durchgespielt, von den Literaten und den Scharen Laternen tragender Kinder. Sankt Martin – das *ist* die Mantelteilung.

Schön und schade zugleich. Diese eine, einprägsame Geschichte überstrahlt vieles andere, das ein genaues Hinsehen und Bedenken verdient. Martins Zeitgenosse Sulpicius Severus (um 363–420), der dem Heiligen persönlich begegnete, hat dessen »Vita«, sein Leben, niedergeschrieben und in vielen Facetten entfaltet.

Allein die »Landkarte« der Martinsbiografie breitet sich als originelles Netz über das damalige Reich. Sabaria im heutigen Ungarn, Pavia in Norditalien, Amiens in Frankreich, Worms am Rhein, Poitiers und die Insel Gallinaria (bei Genua), Ligugé und Tours, Trier an der Mosel und Candes an der Loire blitzen da auf. Ein »Europäer« schon in jener Zeit, als Europa erst wurde und seinen künftigen Weg suchte. Das 4. Jahrhundert, das Martin durchlebte, war die Epoche eines gewaltigen Umbruchs. Der christliche Glaube, bis dahin blutig verfolgt, wurde nun zur Staatsreligion. Das alte Römerreich wankte mehr und mehr unter dem Ansturm der germanischen Völker und der Hunnen am östlichen Horizont. Mitten im Drama seiner Zeit lebte Martin schlicht und konsequent das Beispiel eines Christen: arm, gewaltlos, betend, geistesgegenwärtig, Versöhnung stiftend. Dabei sollte nicht übersehen werden: Als Martin den Mantel teilte, war er noch nicht einmal getauft, sondern erst auf dem Weg dahin. Öffnet das nicht den Blick für das Gottesreich auch *vor* den Toren der Kirche? Ist unsere Zeit wirklich nur »nachchristlich«? Könnte sie nicht ebenso »katechumenal« sein, auf dem Weg zu einer Neuentdeckung dessen, was christlich ist?

Dann der eigene Weg des Glaubens, den Martin *gegen* die Erwartungen seiner Eltern einschlägt. Der Vater will ihn mit dem Namen des »Kriegsmannes« zur militärischen Karriere programmieren. Martin verabschiedet sich davon. Die spirituelle Suche des jungen Mannes führt ins geistliche Gespräch mit Hilarius von Poitiers, in Stille und Einsamkeit. Tief berührt von Schilderungen über die ägyptischen Wüstenväter wird Martin lange vor Benedikt zum eigentlichen »Vater des abendländischen Mönchtums«. Benedikt wird noch zweihundert Jahre später im Herzen seiner Gründung Montecassino (529) durch eine Martinskapelle daran erinnern. Immer mehr sind von Martins Beispiel beeindruckt. Besonders symbolträchtig ist jene Geschichte, in der er einen gerade gestorbenen Jugendlichen wieder zum Leben erweckt, einen also, den man »vergessen kann«, der »no future« hat.

Und was für ein »Bischof« war Martin? Auch als »Würdenträger« blieb er zuinnerst Mönch. Er behielt seine ärmliche Kleidung, die einigen Repräsentationschristen ausgesprochen peinlich war. Das heißt aber nicht, dass er sich passiv aus der Welt heraushielt. Mit der Kraft seiner Persönlichkeit wirkte er mächtig in sie hinein. Ein Beispiel dafür ist sein furchtloses Auftreten vor dem Kaiser in Trier – für eine menschlich faire Behandlung der »Ketzer«-Gruppe um den Spanier Priszillian. Martin setzte auf Dialog und Versöhnung. Er tat es bis in seine letzte Stunde. In den kleinen Ort Candes ist der greise Bischof gefahren, um dort im zerstrittenen »Pastoralteam« Frieden zu stiften.

Überdimensional ist das Gewand dieses zeitlebens schlichten und klaren Menschen. Sein Zeugnis wirkt bis heute – wie eine Diagnose für unsere oft verwirrende Situation. Martin »bemäntelt« nichts. Mit seinem Schwert, dem »Wort Gottes« (Eph 6,17), teilt er von neuem seinen Mantel – mit uns.

Christkönig

»... dazu geboren und in die Welt gekommen«

Aus einem goldglänzenden Mosaik, aus der überdimensional gewölbten Apsis einer alten Basilika schaut er uns an: Christus, der *Pantokrator*. Vielleicht ist ein Mosaik am ehesten geeignet, die facettenreiche Frage nach seinem »Königtum« zu betrachten.

Bei einem ersten Hinsehen huscht ein Argwohn über das Ganze: Ist ein König heute noch vermittelbar? Waren nicht, als Papst Pius XI. 1925 das Christkönigsfest einführte, gerade Monarchien für immer zusammengebrochen? Sind nicht die restlichen Kings und Queens übrig geblieben als Maskerade, in der sich eine Nation dann und wann feiert, oder als willkommene Objekte für Paparazzi und Skandalpresse? »König« – was sagt das noch?

Ein Schwenk in die Tiefen der Vergangenheit – eine kritische Erinnerung: Sie markiert einen Wendepunkt in der Geschichte Israels. Wir sehen ihn vor uns, den alten »Richter« Samuel (1 Sam 7,15), wie er sich mit Händen und Füßen dagegen stemmt, dem Volk Israel einen König zu geben. Gott selber rät dem Propheten, das Unabänderliche zu akzeptieren, sagt aber klar: »Nicht dich, sondern mich haben sie verworfen: Ich soll nicht mehr ihr König sein.« (1 Sam 8,7) Aus diesen Turbulenzen schnellt dann bald kometengleich der geniale David empor. Aber die weitere Geschichte zeigt, wo das Abenteuer des israelischen Königtums endet: in Babylon.

Als Jesus den Schauplatz betritt, muss das Volk den Edomiter Herodes als König hinnehmen, und wenn wir in der Johannespassion (Joh 19,15) die Leute schreien hören: »Wir haben keinen König außer dem Kaiser«, dann liegt darin bittere Ironie. Doch da steht einer vor dem Tribunal der Macht, der auf die Fragen des Pilatus hin bekennt: »Ja, ich bin ein König. Aber mein Königtum ist nicht von dieser Welt.« (Joh 18,36-38) Kurz danach wird er dornengekrönt als Spottkönig vorgeführt. Glauben und bekennen wir nicht, dass es Gott selbst ist, der uns in diesem geschundenen Menschen anschaut? Hier sind tatsächlich einige Mosaiksteine zusammenzufügen. Als Jesus öffentlich erscheint, proklamiert er nicht nur die Lufthoheit Gottes über der Welt, sondern auch, dass sein Königtum ganz nahe, mitten in den Verhältnissen erfahrbar ist (Mk 1,15).

In der Bibel war Gott seit jeher der *basileus*, unendlich souverän über allen babylonischen und olympischen Göttern, auch über allen selbsternannten Gottkönigen. Er war der *kyrios* (Herr). Auf diese Vokabel hatten sich die griechischen Übersetzer geeinigt, um den für die Juden unaussprechlichen Gottesnamen zu umschreiben. Dieser »unbekannte« Gott (Apg 17,23) greift nun rettend in die Geschichte ein – der Name *Jesus* bedeutet nichts anderes. In ihm, dem »Menschensohn«, verdichtet sich diese göttliche Bewegung. Auf überraschende, zugleich aber sehr konkrete Weise kommen hier Gott und Mensch in eins. Das Geheimnis der Sendung Jesu (s. Hebr 10,9): Er spricht nicht nur sein *Ja*, stellvertretend für eine zu Gott heimkehrende Menschheit. Er *ist* zugleich das Ja, das Gott zur Welt spricht (Joh 3,16). Seine Botschaft soll die Grenzen der Erde und Zeiten erreichen (Mt 28,19-20). Als Ferment (13,33), als Samenkorn (Mt 13; Joh 12,24) gibt er sein Leben, um die Welt von Gott her und auf ihn hin zu verwandeln. Die Präfation zum Christkönigsfest sagt es in monumentaler Sprache: »Wenn einst die ganze Schöpfung seiner Herrschaft unterworfen ist, wird er dir, seinem Vater, das ewige, alles umfassende Reich umgeben: das Reich der Wahrheit und des Lebens, das

Reich der Heiligkeit und der Gnade, das Reich der Gerechtigkeit, der Liebe und des Friedens.«

Was kann ein Mensch Gott zurückgeben, was ihm nicht schon längst gehört? Doch Gott hat, als er den Menschen schuf, sich selbst auf ein Abenteuer eingelassen. Sein Motiv war Liebe, sein Risiko die Freiheit des von ihm Geschaffenen. Gott hält das durch – bis in die Hölle hinein. Ein abgründiges Mysterium: »Entäußerung« (Phil 2,7) und Heimkehr. Daraus ergab sich für die erste Christenheit, Jesus, den Gekreuzigten, ganz in der Perspektive Gottes zu sehen und ihm, dem »Sohn«, alle Namen zuzuerkennen, in denen ihnen Gott bisher erschienen war: »Hirt«, »Herr«, »König«. Was der Engel zu Betlehem ankündigte (Lk 1,32-33) und die Magier in Jerusalem suchten (Mt 2,1-6), wurde zum leuchtenden Mosaik. In seinem Brennpunkt verdichten sich alle Macht und Ohnmacht, das Elend und die gottgeschenkte Würde des Menschen.

Gottesdienste und Gedenken im Kirchenjahr

Der weihnachtliche Festkreis
Advent
Weihnachten
Weltmissionstag der Kinder
Unschuldige Kinder
Heilige Familie
Epiphanie
Taufe Jesu

Fasten- und Osterzeit
Fastenzeit
Karwoche
Gründonnerstag
Karfreitag
Ostern
Osterzeit
Christi Himmelfahrt
Pfingsten

Feste im Jahreskreis
Gebetswoche für die Einheit der Christen
Josef
Dreifaltigkeitssonntag

Fronleichnam
Herz-Jesu-Fest
Kreuzerhöhung
Erntedank
Engel
Allerheiligen
Allerseelen
Sankt Martin
Christkönig

Marienfeste im Jahreskreis
Mariä Empfängnis
Hochfest der Gottesmutter Maria
Mariä Lichtmess
Mariä Verkündigung
Heimsuchung Mariens
Mariä Himmelfahrt
Rosenkranzmonat Oktober